7 Great Short Stories

Kazutoshi Koike

短編作品を 英語で楽しむ

自然な速さで原書が 読めるようになる

こいけかずとし

著

無料音声
ダウンロード付

ベレ出版

英語読書の心得

I　やさしいものから段階的に

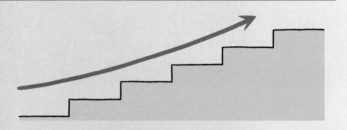

II　朗読を聞いて読む

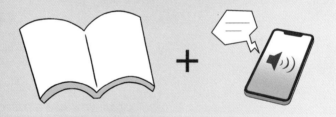

III　和訳せず英語のまま理解

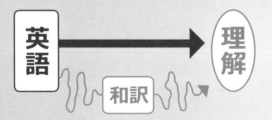

はじめに

この本のねらい

1.文学作品を味わう
2.英語で読書を楽しむ
3.速読を段階的に練習

「英語で読書を楽しみたい」という英語学習者のために、段階的に訓練できるようレベル別の短編作品をそろえました。絵本から一般向けの短編小説まで、順々にレベルが上がります。訓練といってもどれもすぐれた文学作品なので、この本からすでに英語読書をお楽しみいただけます。つまり、**段階別に英語で文学作品を味わいながら英語力を高めよう**、というわけです。

アドバイスは段階や状況によって変わります。それを承知の上で**文学**と**英語**と**速読**について基本事項の解説をつけました。すべてその通りにする必要はありません。必要に応じて役立てていただければうれしいです。

目次

はじめに……………………………………………………… 3

レベル対照表……………………………………… 6

文学について……………………………………… 8

英語について……………………………………… 18

速読について……………………………………… 28

この本について ……………………………………… 35

原書について ………………………………………… 37

おすすめの学習例…………………………………… 38

朗読音声ダウンロード………………………… 39、244

和訳・解説・洋書案内について………………… 40

Level 0&1

The Story of a Fierce Bad Rabbit

Beatrix Potter

41

こわいわるいウサギのおはなし［原文］
作家紹介／英文／和訳／解説／洋書案内

Level 2

Little Black Sambo

Helen Bannerman

57

ちびくろサンボ［原文］
作家紹介／英文／和訳／解説／洋書案内

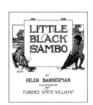

Level 3

The Ambitious Guest

Nathaniel Hawthorne

113

大望を抱く客人 [簡約版]
作家紹介／英文／和訳／解説／洋書案内

Level 4

The Lady, or the Tiger?

Frank R. Stockton

131

女か、虎か [簡約版]
作家紹介／英文／和訳／解説／洋書案内

Level 5

The Happy Prince

Oscar Wilde

153

幸福の王子 [原文]
作家紹介／英文／和訳／解説／洋書案内

Level 6

The Discourager of Hesitancy

Frank R. Stockton

Lv. 4
女か、虎か
の続編

191

三日月刀の促進士 [原文]
作家紹介／英文／和訳／解説／洋書案内

Level 7

Moon-Face

Jack London

219

ムーン・フェイス [原文]
作家紹介／英文／和訳／解説／洋書案内

レベル対照表

Level	0	1	2	3	4	5	6	7
Headwords （主要語）	0 -200	200 -500	500 -900	900 -1,400	1,400 -2,000	2,000 -2,700	2,700 -3,500	3,500 -4,400
英検	5級	4級	3級	準2級	2級	準1級	準1級 1級	1級
TOEIC	—	200～	300～	400～	500～	600～	700～	800～
TOEFL iBT	—	—	—	40～	50～	60～	70～	80～
CEFR	A1	A1	A2	A2 B1	B1 B2	B2	B2 C1	C1
日本の 教育過程	小学校 中1	中2	中3	高校 基礎	高校 標準	高校 発展	大学	—
英語圏の 教育過程	幼稚園	小1	小2	小3	小4	小5	小6	中学

英語読書の道

文学の魅力

　文学を読むことは旅に似ています。時間も空間も超えて未知の世界を旅したり、あるいはよく知っているつもりで実はあまり知らない身近な世界を旅したり。展開の速いテレビや映画と比べたらのんびりした旅です。**テレビや映画が車での旅だとしたら文学は歩き旅と言えるかもしれません。**車旅には車旅の良さがあるように、歩き旅には歩き旅の良さがあります。例えば景色を楽しむゆとりや自分の足で歩いた達成感などです。また登山道など歩きだからこそ行ける場所もあります。テレビや映画と比べて文学を読むのは脳に負荷のかかる作業です。トレーニングもかねて気ままに旅をしてみませんか。

短編小説の魅力

　この本では複数の短編小説を収録しています。短い時間で取り組みやすいとか、繰り返し練習できるとか、英語学習上の埋由もあるのですが、ぜひお伝えしたい短編小説の魅力があります。ヘミングウェイが唱えた**「氷山理論」**という創作論です。**氷山の8分の7は水面下に隠れているように作家が主題を熟知していればすべてを書かなくても読者はその主題を感じ取る、というものです**。ヘミングウェイの短編小説ではそれが顕著ですが、これは多かれ少なかれどんな創作にも当てはまる理論です。文章の背後にある世界を探りながら読むのは脳を使う作業ですが想像や洞察の力を養います。

文学

1. 言語表現による芸術作品。詩歌・
   小説・戯曲・随筆・評論など。文芸。
2. 詩・小説・戯曲など文学作品を
   研究する学問。文芸学。
3. 文芸学・語学・哲学・心理学・史学
   などの総称。

三省堂『大辞林』より引用

そもそも文学とは？

　「文学」という言葉が意味する範囲は非常に広くて境界線も曖昧です。簡単に言えば「言語による芸術」と「広く文化を研究する学問」が文学だ、くらいの理解で問題ないでしょう。もちろん辞書の定義が全てではありませんし、もっと違う見方もあって良いと思います。ここで知っておいてほしいのは**文学は教科書のような堅苦しいものではなく、創作者が言語によって表現した自由な作品だ**ということです。だから音楽を聴いたり絵を見たりするのと同じように好きなものを好きなように読んで大丈夫です。決して義務的に読むものではありません。

文学の主なジャンル

　文学は広くは人文科学全体を指し、狭くは文芸作品を指します。この本に掲載しているのは短編小説ですが、他にも様々なジャンルが存在します。長編小説や戯曲など、それぞれのジャンルにそれぞれの魅力があります。哲学や歴史をテーマにした小説のように複数の分野にまたがっている場合もあります。**好きなものを読んでもらえればそれで大丈夫です**。この本の中でもおすすめの作品を紹介しているので参考にして頂ければと思います。

文学は役に立つのか

　そもそも役に立つかどうかは主観的な問題なので一般化しづらいのですが役に立つ側面を紹介してみます。まず芸術としての文学作品でいえば音楽や絵画など他の芸術と同じように考えて頂ければわかりやすいです。音楽も絵画も文学も空腹を満たすことはできません。しかし人を前向きな気持ちにしたり、何かを伝えたり、様々なところで役に立っています。ただ芸術として考える場合、実用面は本来の目的ではないと思うので **「役に立つか」より「おもしろいか」で見るほうが魅力を見つけやすい**と思います。映画を選ぶ時に役に立つかどうか考える人はあまりいないと思いますが、同じように文学も自分にとっておもしろいものを読むのが一番です。

文学は世界を豊かにする

　作品を自由におもしろく読んで頂ければそれで良いのですが文学の意義について、もう少しだけ。例えばハリー・ポッターがある世界とない世界を比べてみてください。物語を読んだことがなくてもかまいません。ハリー・ポッターがなくても世界は進みます。しかし２つの間には一言では説明しづらい差が存在します。読書体験、映画、舞台、観光などなど。**その差の分だけ世界は豊かになったと言えるでしょう**。

　時代や作品によって影響力は変わります。文学に限らず無数の文化の集積が世界の豊かさを作るわけですね。

文学と創作

　良い料理人になるためにはおいしい料理を食べる経験が大切であるように、良い創作をするには良い作品をたくさん味わうことが大切です。創作に限らず言語による表現力を磨きたいなら優れた文学作品を読むことは１つの有効な方法です。科学が世界を数式化するのが得意である一方、**文学は数式化できないものを表現するのが得意**です。例えば心情や人生観や不条理などです。産業の機械化が進み、人間には創造力がますます求められています。「伝える」というのは難しいもので自分の意図した通りにはなかなか伝わりません。人の気持ちを動かす表現、それはこれからの時代に求められるもののひとつではないでしょうか。

文学の目的

　文学の目的は言語表現による芸術を追求すること、すなわち「おもしろさ」の追求です。だからすることは主に2つです。1つ目は作品の「おもしろさ」を味わうこと。すぐれた作品には必ず「おもしろさ」があります。ただしそれがわかりやすいとは限りません。「おもしろさ」を理解するには何度か読み返す必要があるかもしれません。作者の生い立ちや時代背景を知って「おもしろさ」がわかる場合もあります。

　2つ目は「おもしろさ」を伝えること。読んだ作品の「おもしろさ」を伝えることも、作品を創作することも「おもしろさ」の追求です。もちろん無理に伝える必要はありませんが、好きなものについて誰かと話すことって楽しいですよね。

原書と翻訳と簡約版

　文学は原文で読むべきか、簡約版や翻訳を読んでも良いのか、という疑問を持つ人もいるかもしれません。文学に対して真剣に向き合っている人ほど考える問いです。答えは「どれを読んでも OK」。小説原作の映画に原作とまた違った魅力が生まれるように**簡約版や翻訳には原作とはまた違った魅力が存在します**。一方で失われてしまう部分があることも否めません。

　この本には原文を英語学習者用に調整した簡約版も収録しています。外国語の原書を読むには相応の訓練が必要です。簡約版で練習しつつ気に入ったものがあれば力がついてから原書に挑戦する、という流れが良いのではと個人的には思います。

文学は自由だ

　色々言いましたが文学は誰かが言語で表現した作品であり、それ以上でも以下でもありません。どう読むかは読者の自由です。楽しむだけでも良いし、何かを学び取るのも良いし、好きな目的に利用しても良いのです。嫌いな作品を無理に読む必要はありません。ただもし食わず嫌いなだけなら一度試してみるのは良いかもしれません。好みは人それぞれなので人気がない作品でも自分にはおもしろかった、ということはよくあります。文学の読み方にこうすべきだという義務のようなものはありません。あえて言うなら**義務的に読むとつまらなくなる可能性が高いので義務的に読むことはやめましょう。**

英語学習は自由だ

　色々な意見がありますが**英語の学習法に１つの正解はありません**。どのように学習しても良いのです。こうしなければならないと思った途端、義務的なものになって学習はつまらなくなります。

　とはいえ、自由にやれと言われると逆に困ってしまう人もいると思うので、巻頭に私なりに考える英語学習の地図を載せています。もしどうすれば良いか困った場合は参考にしてください。あくまでめやすなので地図を使うも自由、使わないも自由です。大人ですから。

英語4技能を3ステップで学習

ただ自由に学習してくださいというだけでは無責任なので効率的な学習の進め方を紹介します。大人が英語を学習する場合、**「基礎→多読多聴→英会話」**の順で学習を進めると効率的です。

簡単に言えば基礎は「ルールの学習」で、多読多聴と英会話は「実際に使う練習」です。ルールを知らないと使えませんが、ルールを知っていても使う練習を積み重ねないと使えるようにはなりません。

多読多聴はレベルの調整がしやすいので、複合的な技術を求められる英会話の準備学習としても有効です。気づいていない人も多いのですが**英語で本を読みたいなら英語で本を読む訓練が必要**です。

基礎① 英語の語順

　基礎学習で重要な要素のひとつは英語の語順です。日本語とは大きく異なります。例えば次のような感じです。

語句配置の法則がわかれば英文法の大部分を説明できます。まだ慣れない方はゆっくり丁寧に英文を観察してみましょう。

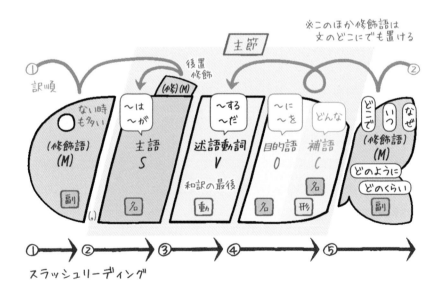

基礎② 句と節

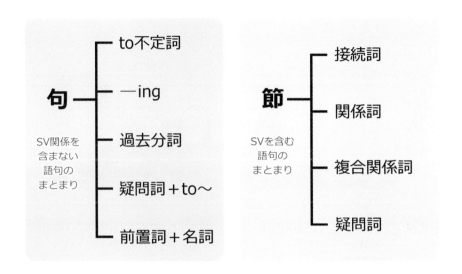

句 —— SV関係を含まない語句のまとまり
- to不定詞
- —ing
- 過去分詞
- 疑問詞＋to〜
- 前置詞＋名詞

節 —— SVを含む語句のまとまり
- 接続詞
- 関係詞
- 複合関係詞
- 疑問詞

　基礎学習でもう１つの重要な要素として句と節があります。つまり**英文をまとまりごとにとらえる力**です。例えば次のようにまとまりをとらえます。

I ate dinner　after I took a bath .

副詞節

接続詞 after が作る節

私は お風呂に入った後 、夕食を食べた。

この本では文法事項は扱いません。もし個々の文法知識について知りたい場合は『英文が読めるようになる マンガ英文法教室』（小社刊）をご利用ください。

多読多聴①
「聞き読み」の学習効果

　英語で本を読むにしても会話をするにしても基礎を学んだだけの状態ではスピードが圧倒的に足りません。朗読音声についていければ十分なのですが訓練しないと簡単にはついていけません。そこで有効なのが「読み聞かせ」もとい「聞き読み」です。すなわち、**朗読音声を聞きながら英文を読む練習**です。「聞き読み」をやさしいレベルから段階的に積み上げていくと、やがて高いレベルの本に到達します。

多読多聴②
日本語に直さない

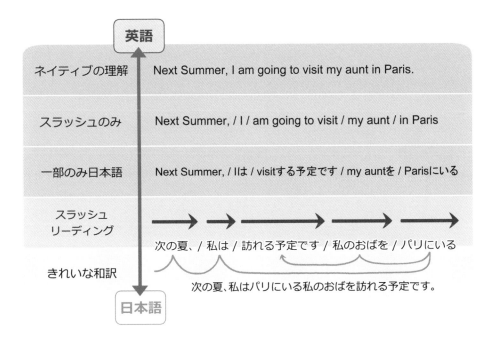

ネイティブの理解	Next Summer, I am going to visit my aunt in Paris.
スラッシュのみ	Next Summer, / I / am going to visit / my aunt / in Paris
一部のみ日本語	Next Summer, / Iは / visitする予定です / my auntを / Parisにいる
スラッシュ リーディング	次の夏、/ 私は / 訪れる予定です / 私のおばを / パリにいる
きれいな和訳	次の夏、私はパリにいる私のおばを訪れる予定です。

　英文法に自信がある人ほど理解を日本語に頼りがちです。確かに英語と日本語の関係を正確に把握できる人は理解度が高いと言えます。問題は本を読んだり英会話をしたりする時です。いちいち日本語に直していると時間がかかって本の内容を楽しめないし英会話についていけません。それを解決するには**日本語に直さず英語のまま理解する訓練**が必要です。学校の授業のような分析的な読み方とは全く異なります。まずは分析しなくても読めるやさしい英文で試してみてください。

英会話のために

　英会話では文法と単語を土台に、それらを無意識的に使うリスニングとスピーキングの力が求められます。**基礎を学んだだけで英会話をしようとするのはスポーツのルールを覚えてすぐ試合をするようなものです**。あたふたしてしまいます。

　もちろん自由に英会話の練習をして良いのですが、もし基礎知識があるのに英会話に伸び悩んでいる場合は多読多聴も取り入れてみてください。やさしいレベルから始められますし、演劇や映画の音声と脚本は英会話そのものですしね。

おすすめの学習素材

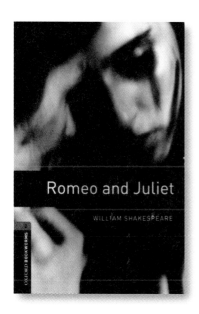

Graded Readers
（段階別読本）

英語学習者向けに段階別の英語で書かれた本。レベルごとに使用語彙や文法が調整されている。朗読音声が付属しているものも多い。内容は古典、恋愛、SF、戯曲など多岐にわたる。

　英語の教材は教科書だけではありません。本も映画も歌も英語を使うものは全て教材にできます。注意してほしいのはレベル設定です。たいてい作品の対象年齢と英語の難易度は比例します。学校の成績が良かった人ほど英語ができるという自負があるので難しいものを選んで挫折しがちです。基礎を学んだのは良いものの、使う訓練をしていないことに原因があります。

　初級～中級の段階では文学作品の簡約版がおすすめです。英語学習者向けに調整して書き直されたものは Graded Readers と呼ばれます。レベル設定の幅が広く、内容も大人向けです。特にシェイクスピア脚本の簡約版は会話形式で物語が進むため英会話の学習にもぴったりです。

計画は修正するもの

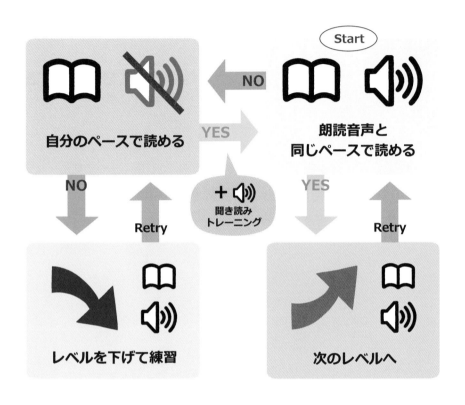

　学習計画は重要ですが最初からすべてを計画するのは難しいです。むしろ最初はざっくりと進めつつ計画を練り直していくほうがうまくいきます。だから**おすすめはやさしいレベルから順番にすべてをちょっとずつ試していくこと。**簡単ならすぐ次のレベルに上がればいいし、難しいと感じてきたらその周辺が今の自分のレベルです。自分のレベルがわかればそのレベルに集中できます。自己評価はたいてい当てにならないので実際に試してみることが大事です。

習慣の力

　スポーツや音楽と同じで英語も1日で身につくものではありません。積み重ねることが最も重要です。1日5分でもいいのでまずはできる範囲で続けてみてください。もちろん休むのも自由です。

　続けるためのコツは楽しむこと。つらい学習は長続きしません。もし読書が好きならラッキーです。読書を楽しみながら英語の力を伸ばせます。洋書や朗読音声も簡単に手に入るようになりました。読書の習慣がない方はもっとラッキーです。新しい楽しさを味わえるのですから。目的に向かってただ無心に勉強しても良いのですがもったいないです。楽しい習慣として英語を学ぶ環境はすでに整っています。

速読とは

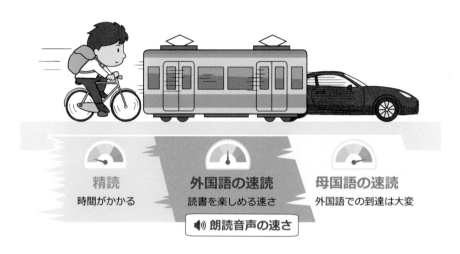

精読
時間がかかる

外国語の速読
読書を楽しめる速さ

母国語の速読
外国語での到達は大変

🔊 朗読音声の速さ

　速読とは文字通り文章を速く読むことですが、さまざまな種類の速読が存在します。ここで扱いたいのは**外国語の速読**です。母国語の速さに到達するのは大変でも、訓練によってある程度の速さまで伸ばすことは可能です。目指すのは朗読音声の速さです。母国語では朗読音声の速さについていくのは特に苦労しないと思いますが外国語では簡単ではありません。**基礎はできるのに読書が楽しめない、またはリスニングができない場合、原因はたいてい速読訓練の不足にあります**。どちらの場合も朗読音声の速さについていくための訓練が必要です。

読む速さと読書の楽しさ

　ゆっくり読んでも楽しいのでは？と思う方もいるかもしれません。しかし**ス
ローモーションで映画を見ても楽しくないように、読書もゆっくり過ぎるとう
まく楽しめません**。私も挫折した経験が何度もあります。どの程度の速さが適
切かは人や内容によって変わりますが少なくとも朗読音声と同じ速さなら十分
楽しむことが可能です。

　もちろん本を読む速さは自由に決めて頂いて大丈夫です。それが本の良さで
もあります。一方であまりに遅いと楽しめない可能性があるのも確かです。難
しめの文章の場合は、ゆっくり読んだ後に再び朗読音声を聞きながら読んでみ
る、といった工夫をするのも良いでしょう。

外国語を速く読む工夫

朗読音声を活用する

和訳せずに読む

英文

和訳

理解

無理せず段階的に
訓練を積む

　外国語の速読のためには具体的にどのような訓練をすれば良いのでしょう
か。**「たくさん読めば良い」というよくある助言は正しいのですが、おおざっ
ぱ過ぎてそのままでは挫折する可能性が高いです**。慣れない人ほど工夫が必要
です。ポイントは大きく分けて上記の3つ。やさしいものからはじめてくださ
い。

朗読音声を活用する

　外国語の速読では朗読音声の速さを目指します。それには朗読音声を聞きながら本を読むのが最も効果的な訓練です。自分のペースで外国語の本を読むと慣れないうちはどうしてもひとつひとつの文に時間をかけてしまいがちです。朗読音声を訓練に使う利点は色々あります。

◎ **頭で考えるより<u>無意識で反射的に理解する訓練</u>ができる**

◎ **読み聞かせの場合と同じように<u>音声が理解を助けてくれる</u>**

◎ **同時に<u>リスニングの力も伸ばせる</u>**

　母国語だと黙読のほうが速いので朗読音声は不要ですが外国語の場合は朗読音声を使うと良い速読の訓練になります。

日本語に直さないで読む

　ダンスをする時に動きをいちいち考えていたら曲についていけません。それと同じで朗読音声を聞きながら外国語の文章を読む時にはひとつひとつの文を日本語に直している余裕はありません。だから日本語に直さないでその言語のまま理解します。そうすると訳す手間が省けてすばやく理解できます。ダンスと同じで慣れていないと難しく感じますが訓練を積むことで次第にできるようになります。これを英語の場合は「英語脳」とか「英語の思考回路」と呼んだりしますが、単純に言えば**英語を無意識で使えるレベルに落とし込む訓練**です。

段階的な訓練

　どんな外国語でも無意識で使えるようになるには十分な熟達が必要です。しかしやさしいレベルの本ならわりと早い段階で挑戦できます。もう想像がつくと思いますが単語や文法にてこずるような本は速読の訓練には向きません。日本語に直さないで読む訓練がしたいなら単語も文法もとどこおりなく読めるやさしい本を使うのがおすすめです。

　外国語の知識はあるのに本が読めないという場合、やさしい本で訓練する段階を飛ばして難しい本から始めようとしている可能性があります。**知識の理論学習と読書の実践訓練は別物**だと考えたほうが良いでしょう。

A Piece of Cake

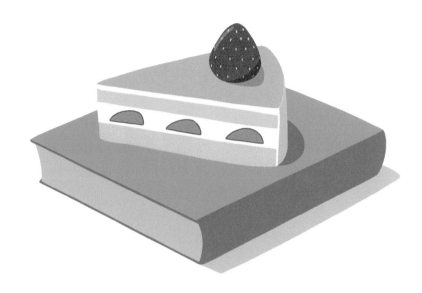

　英語に a piece of cake という表現があります。直訳だと「ひと切れのケーキ」ですが、ケーキひと切れくらいペロリと簡単に食べられることから「とても簡単なこと」という意味でも使われます。**これから外国語の読書を始めたいと思っている方はひと切れのケーキのように簡単にこなせるものから取り組んでほしいです**。例えばやさしい単語で書かれている短い物語です。私自身、何度も挫折を経験した後、やさしいレベルの Graded Readers から始め直してうまくいった経験があります。まずは辞書なしで読めて 15 分以内で読み終わるものから試してみてください。

この本を読む理由

　忙しいと何事もついつい後回しにしがちです。読む理由が色々あるほうが読む気になると思うので私なりに考えるこの本を読む理由をいくつか紹介します。もちろん読みたいように読んで頂ければそれで大丈夫です。

文学作品を読む体験

この本には**複数の短編小説**を収録しています。テーマは作品ごとにさまざまです。さらに読みたい方へおすすめの作品をレベルごとに紹介します。

英語の実践トレーニング

学校の授業では基礎知識は教えてくれますがそれを**使う訓練**をしません。この本ではリーディングとリスニングの実践訓練ができます。

段階的な学習

短編小説の英文は**段階的にレベル分け**されています。**朗読音声**も収録しており、やさしいレベルから段階的に速読速聴の訓練ができます。

この本を英語学習に使う理由

　英語学習にこの本を使う理由も紹介させてください。苦労してこそ身になるものもあるとは思いますが便利なものはどんどん使って頂ければと思います。

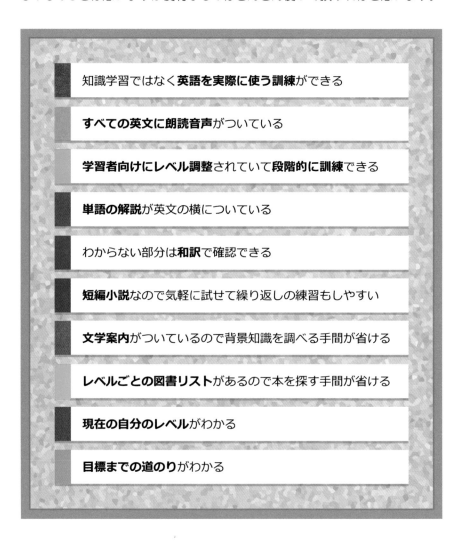

知識学習ではなく**英語を実際に使う訓練**ができる

すべての英文に朗読音声がついている

学習者向けにレベル調整されていて**段階的に訓練**できる

単語の解説が英文の横についている

わからない部分は**和訳**で確認できる

短編小説なので気軽に試せて繰り返しの練習もしやすい

文学案内がついているので背景知識を調べる手間が省ける

レベルごとの図書リストがあるので本を探す手間が省ける

現在の自分のレベルがわかる

目標までの道のりがわかる

原書を読む

　外国語の読書を始めたらやはりいつかは原書に挑戦したいですよね。原書と言ってもいろいろあって**絵本や児童書なら早い段階で挑戦可能です**。例えばこの本のレベル１のお話が読めたなら *Frog and Toad*（がまくんとかえるくん）シリーズの英語は似たレベルです。詳しくは本の中でレベルごとに紹介していきます。

　宮沢賢治の童話が文学であることを疑う人はいないように大人も楽しめる絵本や児童書はあります。好みがわかれるので自分に合うものを見つけるのは少し大変です。絵本や児童書よりも大人向けの作品のほうが良い場合は文学作品の簡約版がおすすめです。簡約版で経験を積み、力がついたら大人向けの洋書に挑戦しましょう。

おすすめの学習例

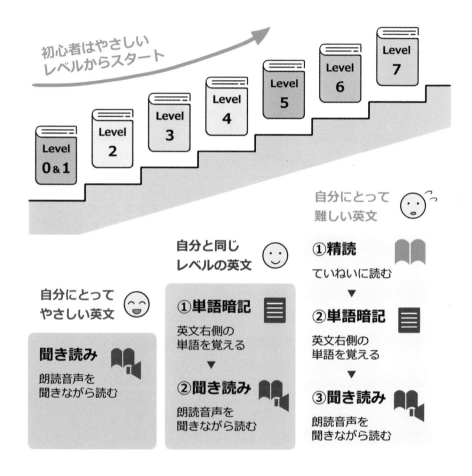

初心者はやさしい
レベルからスタート

Level 0&1
Level 2
Level 3
Level 4
Level 5
Level 6
Level 7

自分にとって
やさしい英文

聞き読み
朗読音声を
聞きながら読む

自分と同じ
レベルの英文

①単語暗記
英文右側の
単語を覚える
▼
②聞き読み
朗読音声を
聞きながら読む

自分にとって
難しい英文

①精読
ていねいに読む
▼
②単語暗記
英文右側の
単語を覚える
▼
③聞き読み
朗読音声を
聞きながら読む

繰り返し読むのも良い訓練になります。
または各レベルで紹介している洋書案内の本で
訓練するのもおすすめです。

朗読音声ダウンロード

音声ダウンロード方法については、p.244、245 に解説してあります。

朗読音声は次の速さをめやすに作りました。

0&1	The Story of a Fierce Bad Rabbit	110 wpm
2	Little Black Sambo	120 wpm
3	The Ambitious Guest	130 wpm
4	The Lady, or the Tiger?	140 wpm
5	The Happy Prince	150 wpm
6	The Discourager of Hesitancy	160 wpm
7	Moon-Face	160 wpm

wpm = Words Per Minute（1 分間あたりの単語数）

［参考］

英語学習者向けのリスニング教材	100-140 wpm
一般向けのオーディオブック	150-160 wpm
英語ネイティブスピーカーの会話	160-200 wpm

和訳について

各レベルとも英文のあとに和訳がついています。なるべく**英文との対応**がわかるように作ってあります。わからない部分の確認に使ってください。

解説について

各レベルとも英文と和訳の後に作品の解説がついています。**解説はネタバレを含みます**。もしネタバレが嫌な場合、本編を先に読んでください。逆に簡単なあらすじを知ってから読みたい人は解説を先に読むのも良いかもしれません。

洋書案内について

各レベルの最後に同じレベルの洋書案内がついています。**本選びの参考**に使ってください。

Level

1

Beatrix Potter

— 1866-1943 —

イギリスの絵本作家。

幼いころから絵を描くことを好み、

ウサギやネコなど動物を主人公とする童話を多く作った。

ピーターラビットの絵本シリーズは

児童文学の古典として世界各国で親しまれている。

THE STORY OF A FIERCE BAD RABBIT

151 words

▶ 音声 _ 001

1 THIS is a fierce bad Rabbit; look at his savage whiskers, and his claws and his turned-up tail.

fierce
　獰猛（どうもう）な
savage 凶暴な
whisker ほおひげ
claw 爪
turned-up
　上を向いた
tail しっぽ

2 THIS is a nice gentle Rabbit. His mother has given him a carrot.

gentle やさしい
has given 与えた
carrot ニンジン

3 THE bad Rabbit would like some carrot.

would like 欲しい
carrot ニンジン

4 HE doesn't say "Please." He takes it!

take 取る

5 AND he scratches the good Rabbit very badly.

scratch ひっかく
badly ひどく

6 THE good Rabbit creeps away, and hides in a hole.
It feels sad.

creep away
　そっと離れる
hide 隠れる
hole 穴
feel 感じる
sad 悲しい

7 THIS is a man with a gun.

with a gun
銃を持っている

8 HE sees something sitting on a bench. He thinks it is a very funny bird!

see O 〜ing
　O が〜しているのを
　見る
something 何か
think 思う
funny おかしな

9 HE comes creeping up behind the trees.

creep up
　そっと忍び寄る
behind 〜
　〜の後ろで［に］

10 AND then he shoots — BANG!

then
　それから，その時
shoot 撃つ
bang
　ズドン（という音）

48

11 THIS is what happens —

what
　(…する)こと [もの]
happen 起きる

12 BUT this is all he finds on the bench, when he rushes up with his gun.

find 見つける
when 〜 〜する時
rush up
　急いで近寄る
gun 銃

13 THE good Rabbit peeps out of its hole,

peep のぞき見する
out of 〜 〜から
hole 穴

peep のぞき見する
out of 〜 〜から
hole 穴

14 AND it sees the bad Rabbit tearing past — without any tail or whiskers!

tear past
　大急ぎで走り去る
without 〜
　〜なしで，〜を失って
tail しっぽ
whisker ほおひげ

こわいわるいウサギのおはなし

1 これはこわいわるいウサギです。
凶暴なひげと爪とそり立ったしっぽを見てください。

2 これはよいやさしいウサギです。
彼のお母さんは彼にニンジンをくれました。

3 わるいウサギはニンジンがほしいです。

4 彼は「お願い」とは言いません。
彼はそれを取ります。

5 そして彼はよいウサギをとてもひどくひっかきます。

6 よいウサギはそっと離れて、穴の中に隠れます。
悲しい気持ちです。

7 これは銃を持っている男です。

8 彼は何かがベンチに座っているのを見ます。
彼は、それはとてもおかしな鳥だ、と思います！

9 彼は木の後ろでそっと忍び寄ってきます。

10 そしてそれから彼は撃ちます ― ズドン！

11 こうなりまして—

12 しかし男が銃とともに急いで近寄ると、ベンチにはこれしか見つかりません。

13 よいウサギは穴からのぞき見ます。

14 するとわるいウサギが大急ぎで走り去るのが見えます — しっぽもひげもなくなって！

　この作品は幼い子ども向けに書かれた絵本です。筋書だけをたどると、悪いウサギがやさしいウサギをいじめ、鳥と間違えられて銃に撃たれ、しっぽとほおひげを失って逃げる、という単純なものです。

　銃に撃たれたあと、悪いウサギの姿が消えてしまう場面は衝撃的です。そんなふうに悪者が痛い目にあう話なのに、道徳を押しつける感じがないのも子どもに好まれる理由でしょう。

　銃の男は悪いウサギをこらしめようとして撃ったのではなく、鳥と間違えただけです。だから悪者が公正に裁かれる話というよりは、**悪いことをするとめぐりめぐって天罰が下る**という**因果の流れ**をくんだ話といえます。子どもの行動を変えるには説教よりも天罰のような神秘的な力のほうが効果的なのかもしれません。

　愛らしいイラストも魅力のひとつです。**イラスト**と**朗読音声**を利用しながら読むと、まるでひとつの**短編映画**を見ているような気分が味わえます。

　幼い子どもにとってはこの単純さがちょうどよいとしても、複雑な物語構成に慣れた大人の読者だと物足りなく感じる方もいると思います。

　英語学習という観点で言えば、この単純さが利点となり、**初学者にとっての良い教材**になります。絵とシンプルな英文と朗読音声は、まさに子どもが**絵本の読み聞かせ**を通して言葉を学習するのと同じ感覚で、言語の学習を助けてくれます。まずは簡単な素材から洋書を読むのに慣れ、ひとつひとつレベルを上げていきましょう。

レベル0＆1の
おすすめ洋書

英検5級／4級〜 | TOEIC 100〜 | 小学／中学〜

※表紙のデザインは版によって異なります

原書
I Want My Hat Back
Jon Klassen

『どこいったん』

ぼうしシリーズのうちの1冊。絵本の結末に驚くでしょう。

I Can Read Book 2（原書）
Frog and Toad シリーズ
Arnold Lobel

『がまくんとかえるくん』

全4冊でそれぞれ短編5本を収録。（音声別売）

原書
Someday
Alison McGhee

『ちいさなあなたへ』

小さい赤ちゃんから大きくなるまで。母であることのすべてがつまった絵本。

原書
The Bear and the Piano
David Litchfield

『クマと森のピアノ』

シリーズ3部作のうちの一冊目。心あたたまる絵本。

原書
Nate the Great シリーズ
Marjorie Weinman Sharmat

『ぼくはめいたんてい』

少年探偵が様々な事件を解決。挿絵が多くて読みやすいです。（音声別売）

Pearson English Readers Level 1
The Gift of the Magi and Other Stories
O. Henry

『賢者の贈り物』＆他4編

短編1つあたり約9分。（音声同梱版あり）

原書
Mr. Putter & Tabby
シリーズ
Cynthia Rylant

おじいさんとネコの心あたたまる物
語。

Pearson English Readers Level 1
**Rip Van Winkle and
The Legend of Sleepy
Hollow**
Washington Irving

『リップ・ヴァン・ウィンクル
＆スリーピー・ホロウの伝説』

（音声同梱版あり）

原書
**Guess How Much I
Love You**
Sam McBratney

『どんなにきみがすきだか
あててごらん』

Oxford Bookworms Stage 1
The Wizard of Oz
L. Frank Baum
『オズの魔法使い』

（音声同梱版あり）

原書
Library Lion
Michelle Knudsen

『としょかんライオン』

Oxford Bookworms Stage 1
A Little Princess
Frances Hodgson Burnett
『小公女セーラ』

（音声同梱版あり）

原書
Grin and Bear It
Leo Landry

芸人になりたい内気なクマのお話。

Oxford Bookworms Stage 1
**The Adventures of
Tom Sawyer**
Mark Twain
『トム・ソーヤーの冒険』

（音声同梱版あり）

原書
Curious George
シリーズ
Margret & H. A. Rey
『おさるのジョージ』

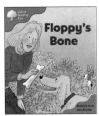

**Oxford Reading
Tree** シリーズ
Roderick Hunt

多読入門者向けの学習用
絵本。（音声同梱版あり）

0
&
1

英語コラム

英語絵本

　絵本は子ども向けで、大人が読んでもつまらない、そう決めつけてはいませんか？確かにそういう絵本も多いです。しかし大人が読んで楽しめる、または**大人だからこそ楽しめる**深い内容の絵本も存在します。1冊でもそういう絵本に出会えればきっと絵本に対する見方が変わるはずです。

Someday

Frog and Toad
シリーズ

The Giving Tree

　もし何を読んだら良いかわからない場合、この３つを試してみてください。幅広くおすすめできる絵本です。裏技的ですが有名な絵本はYouTube などで探すと**無料**で**読み聞かせ動画**を視聴できます。本を買わなくても手軽に始められるので英語読書の初心者にぴったりですね。

Level

2

Helen Bannerman

1862-1946

スコットランドの作家。
英連邦軍の軍医だった夫に同行してインドで 30 年を過ごす。
インド滞在中に自分の娘たちのために
『ちびくろサンボ』の絵本を作った。
その物語にもインドの文化が反映されている。

LITTLE BLACK SAMBO

BY

HELEN BANNERMAN

ILLUSTRATED
BY
FLORENCE WHITE WILLIAMS

1,083 words

▶ 音声＿002

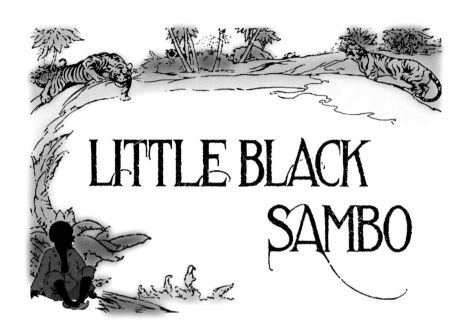

LITTLE BLACK SAMBO

1 Once upon a time there was a little black boy, and his name was Little Black Sambo.

once upon a time
むかしむかし

And his mother was called Black Mumbo.

3 And his father was called Black Jumbo.

4 And Black Mumbo made him a beautiful little Red
Coat, and a pair of beautiful little Blue Trousers. **trousers** ズボン

5 And Black Jumbo went to the Bazaar and bought him a beautiful Green Umbrella and a lovely little Pair of Purple Shoes with Crimson Soles and Crimson Linings.

bazaar バザー，市場
lovely
すてきな，美しい
crimson 深紅（の）
sole 靴底，足裏
lining 裏地，裏張り

6 And then wasn't Little Black Sambo grand?

then
その時，それから，
それなら
grand
立派な，壮大な

7 So he put on all his Fine Clothes and went out for a walk in the Jungle.

put on 身につける
clothes 衣服

8 And by and by he met a Tiger. And the Tiger said to him, "Little Black Sambo, I'm going to eat you up!"

by and by やがて
eat up 残さず食べる

9 And Little Black Sambo said, "Oh! Please, Mr. Tiger, don't eat me up, and I'll give you my beautiful little Red Coat."

So the Tiger said, "Very well, I won't eat you this time, but you must give me your beautiful little Red Coat."

this time 今回は

must
～しなければならな
い

So the Tiger got poor Little Black Sambo's beautiful little Red Coat, and went away saying, "Now I'm the grandest Tiger in the Jungle."

poor
かわいそうな；貧し
い
away
遠くへ，離れて
grand 立派な

12 And Little Black Sambo went on, and by and by he
met another Tiger, and it said to him, "Little Black
Sambo, I'm going to eat you up!"

go on 先へ進む，進
み続ける
by and by やがて
another 別の

And Little Black Sambo said, "Oh! Please, Mr. Tiger, don't eat me up, and I'll give you my beautiful little Blue Trousers."

trousers ズボン

14 So the Tiger said, "Very well, I won't eat you this time, but you must give me your beautiful little Blue Trousers."

this time 今回は
must
～しなければならない
trousers ズボン

15 So the Tiger got poor Little Black Sambo's beautiful little Blue Trousers, and went away saying, "Now I'm the grandest Tiger in the Jungle."

poor
かわいそうな；貧しい
away
遠くへ，離れて
grand 立派な

16 And Little Black Sambo went on and by and by he met another Tiger, and it said to him, "Little Black Sambo, I'm going to eat you up!"

go on
先へ進む，進み続ける
by and by やがて
another 別の

17 And Little Black Sambo said, "Oh! Please, Mr. Tiger, don't eat me up, and I'll give you my beautiful little Purple Shoes with Crimson Soles and Crimson Linings."

crimson 深紅（の）
sole 靴底，足裏
lining 裏地，裏張り

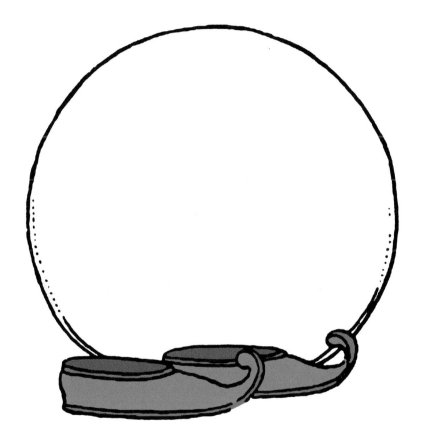

18 But the Tiger said, "What use would your shoes be to me? I've got four feet and you've got only two."

use 使いみち，使う（こと）
have got = have
feet foot（足）の複数形

19 "You haven't got enough shoes for me."

haven't got
= don't have
enough 十分(な, に)

20 But Little Black Sambo said, "You could wear them on your ears."

wear 身につける

21 "So I could," said the Tiger, "that's a very good idea. Give them to me, and I won't eat you this time."

this time 今回は

22 So the Tiger got poor Little Black Sambo's beautiful little Purple Shoes with Crimson Soles and Crimson Linings, and went away saying, "Now I'm the grandest Tiger in the Jungle."

crimson 深紅（の）
sole 靴底，足裏
lining 裏地，裏張り
away 遠くへ，離れて
grand 立派な

23 And by and by Little Black Sambo met another
Tiger, and it said to him, "Little Black Sambo, I'm
going to eat you up!"

by and by やがて
another 別の

24 And Little Black Sambo said, "Oh! Please, Mr. Tiger, don't eat me up and I'll give you my beautiful Green Umbrella."

25 But the Tiger said, "How can I carry an umbrella when I need all my paws for walking with?"

carry 運ぶ
when ～ ～する時
need 必要とする
paw
　（かぎづめのある）
　足，手

"You could tie a knot on your tail, and carry it that way," said Little Black Sambo.

tie a knot
結び目を作る
tail しっぽ
that way
そうすれば

27 "So I could," said the Tiger. "Give it to me and I won't eat you this time."

this time 今回は

28 So he got poor Little Black Sambo's beautiful Green Umbrella, and went away saying, "Now I'm the grandest Tiger in the Jungle."

away 遠くへ, 離れて

grand 立派な

29 And poor Little Black Sambo went away crying, because the cruel Tigers had taken all his fine clothes.

poor かわいそうな；
  貧しい
away 遠くへ，離れて
cry 泣く，叫ぶ
because ～ ～なので
cruel 残酷な
fine
  立派な，すばらしい
clothes 衣服

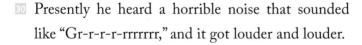

30 Presently he heard a horrible noise that sounded like "Gr-r-r-r-rrrrrrr," and it got louder and louder.

31 "Oh dear!" said Little Black Sambo, "There are all the Tigers coming back to eat me up! What shall I do?"

So he ran quickly to a palm-tree, and peeped round it to see what the matter was.

quickly 急いで
palm-tree ヤシの木
peep のぞき見する
round 〜 〜の周りで
matter 事柄，問題

And there he saw all the Tigers fighting and disputing which of them was the grandest.

fight
戦う，けんかする
dispute 言い争う
grand 立派な

34 And at last they all got so angry that they jumped up and took off all the fine clothes and began to tear each other with their claws and bite each other with their great big white teeth.

at last ついに

take off
脱ぐ，はずす
clothes 衣服
tear 引き裂く
each other お互い
claw かぎづめ
bite かみつく
teeth tooth（歯）
の複数形

35 And they came, rolling and tumbling, right to the foot of the very tree where Little Black Sambo was hiding, but he jumped quickly in behind the umbrella.

roll 転がる
tumble
転がり落ちる
right
まさに，ちょうど
hide 隠れる；隠す
quickly 急いで
behind ～
～の後ろに

36 And the Tigers all caught hold of each others' tails.

37 As they wrangled and scrambled, and so they found themselves in a ring around the tree.

catch hold of ～
～をつかむ
each other お互い
tail しっぽ
wrangle やかましく
口論する
scramble もみ合う
ring 輪

38 Then, when the Tigers were very wee and very far away, Little Black Sambo jumped up and called out, "Oh! Tigers! why have you taken off all your nice clothes? Don't you want them any more?"

then
それから、その時、
それなら
wee ちっちゃな
far away
遠く離れて
take off
脱ぐ、はずす
clothes 衣服
any more
もう、もはや

39 But the Tigers only answered, "Gr-r-r-rrrrr!"

40 Then Little Black Sambo said, "If you want them, say so, or I'll take them away."

take away 持ち去る

41 But the Tigers would not let go of each others' tails, and so they could only say "Gr-r-r-rrrrr!"

would not
　〜しようとしなかっ
　た
let go of 〜
　〜をはなす
each other お互い
tail しっぽ

42 So Little Black Sambo put on all his fine clothes again and walked off.

put on 身につける
fine 立派な，すばら
　しい
clothes 衣服

43 And the Tigers were very, very angry, but still they would not let go of each others' tails.

would not
　～しようとしなかった
let go of ～
　～をはなす
each other お互い
tail しっぽ
round ～
　～をまわって

44 And they were so angry that they ran round the tree, trying to eat each other up, and they ran faster and faster till they were whirling round so fast that you couldn't see their legs at all.

till ～ ～するまで
whirl ぐるぐる回る
leg 脚（あし）

2

45 And they still ran faster and faster and faster, till they all just melted away, and then there was nothing left but a great big pool of melted butter (or "ghi" as it is called in India) round the foot of the tree.

46 Now Black Jumbo was just coming home from his work, with a great big brass pot in his arms, and when he saw what was left of all the Tigers, he said, "Oh! what lovely melted butter! I'll take that home to Black Mumbo for her to cook with."

brass 真鍮（しんちゅう）
pot つぼ，なべ
arm 腕
lovely すばらしい，美しい
melt 溶ける；溶かす

2

47 So he put it all into the great big brass pot, and took it home to Black Mumbo to cook with.

48 When Black Mumbo saw the melted butter, wasn't she pleased!

be pleased 喜ぶ

49 "Now," said she, "we'll all have pancakes for supper!"

supper 夕食

So she got flour and eggs and milk and sugar and butter, and she made a huge big plate of most lovely pancakes. And she fried them in the melted butter which the Tigers had made, and they were just as yellow and brown as little Tigers.

flour 小麦粉

huge 巨大な
most とても；最も
lovely すてきな，美しい
fry （油で）焼く，揚げる
melt 溶ける；溶かす

And then they all sat down to supper. And Black Mumbo ate Twenty-seven pancakes, and Black Jumbo ate Fifty-five, but Little Black Sambo ate a Hundred and Sixty-nine, because he was so hungry.

supper 夕食

because 〜 〜なので

2

ちびくろサンボ

1. むかしむかし、あるところに小さなくろい男の子がいました。名前はちびくろサンボでした。

2. そして彼のお母さんはブラック・マンボと呼ばれていました。

3. そして彼のお父さんはブラック・ジャンボと呼ばれていました。

4. そしてブラック・マンボはサンボにきれいな小さい赤色の上着と、きれいな小さい青色のズボンを作ってあげました。

5. そしてブラック・ジャンボはバザーに行き、サンボにきれいな緑色の傘と深紅の靴底と深紅の裏張りのついたすてきな小さい紫色のくつを買ってあげました。

6. すると、ちびくろサンボの立派なこと！

7. それで彼はすべての立派な服を身につけ、ジャングルに散歩に出かけました。

8. やがて彼は一匹のトラに出会いました。トラは彼に言いました。「ちびくろサンボ、おまえを食べてやる！」

9. ちびくろサンボは言いました。「ああ！おねがい、トラさん、ぼくを食べないで。ぼくのきれいな小さい赤色の上着をあげるから。」と言いました。

10 するとトラは言いました。「いいだろう、今回は食べないでやるが、おまえの
きれいな小さい赤色の上着をよこせ。」

11 そうしてトラはかわいそうなちびくろサンボのきれいな小さい赤色の上着を手
に入れ、「今おれさまはジャングルでいちばん立派なトラだ」と言いながら行っ
てしまいました。

12 そしてちびくろサンボが歩きつづけると、やがて別のトラに出会い、トラがサ
ンボに言いました。「ちびくろサンボ、おまえを食べてやる！」

13 そしてちびくろサンボは言いました。「ああ！おねがい、トラさん、ぼくを食
べないで。ぼくのきれいな小さい青色のズボンをあげるから。」

14 それでトラは言いました。「いいだろう、今回は食べないでやるが、おまえの
きれいな小さい青色のズボンをよこせ。」

15 そうしてトラはかわいそうなちびくろサンボのきれいな小さい青色のズボンを
手に入れ、「今おれさまはジャングルでいちばん立派なトラだ」と言いながら
行ってしまいました。

16 そしてちびくろサンボが歩きつづけるとやがて別のトラに出会い、トラがサン
ボに言いました。「ちびくろサンボ、おまえを食べてやる！」

17 そしてちびくろサンボは言いました。「ああ！おねがい、トラさん、ぼくを食
べないで。深紅の靴底と深紅の裏張りのついた、ぼくのきれいな小さい紫色の
くつをあげるから。」

18 でもトラは言いました。「おまえのくつがおれにとって何の役に立つ？おれに
は足が４本あって、おまえは２本だけだ。」

19 「おまえのくつではおれには足りない。」

20 しかし、ちびくろサンボは言いました。「耳につけてもいいよ。」

21 「それもそうか」トラは言いました。「いい考えだ。それをよこせ。今回は食べないでやる。」

22 そうしてトラはかわいそうなちびくろサンボの、深紅の靴底と深紅の裏張りのついたきれいな小さい紫色のくつを手に入れ、「今おれさまはジャングルでいちばん立派なトラだ」と言いながら行ってしまいました。

23 やがてちびくろサンボは別のトラに出会い、トラはサンボに言いました。「ちびくろサンボ、お前を食べてやる！」

24 そしてちびくろサンボは言いました。「ああ！おねがい、トラさん、ぼくを食べないで。ぼくのきれいな緑色の傘をあげるから。」

25 しかしトラは言いました。「どうやって傘をさせるというのか？おれは歩くのに足を全部つかうんだぞ」

26 「しっぽに結び目を作って、そこにさしたらいいよ」ちびくろサンボは言いました。

27 「それもそうか」トラは言いました。「それをよこせ。今回は食べないでやる。」

28 そうしてトラはかわいそうなちびくろサンボのきれいな緑色の傘を手に入れ、「今おれさまはジャングルでいちばん立派なトラだ」と言いながら行ってしまいました。

29 そしてかわいそうなちびくろサンボは泣きながら立ち去りました。ひどいトラたちがサンボの立派な服をすべて奪ってしまったからです。

30 やがてサンボはおそろしい叫び声を聞きました。それは「グル - ル - ル - ル - ルルルルルルル」というふうに聞こえました。それはどんどん大きくなりました。

31 「うわっ！」ちびくろサンボは言いました。「あのトラたちがぼくを食べにもどってきている！どうしよう？」

32 それでサンボは急いでヤシの木へと走り、そこからのぞいて何が起きているのかを見ました。

33 すると、あのトラたちがケンカしており、だれがいちばん立派なのかを言い争っているのが見えました。

34 そしてとうとうみんな怒って飛び上がり、立派な服をすべて脱ぎ、爪で互いをひっかいたり大きな白い歯で互いにかみついたりし始めました。

35 そしてトラたちはごろごろ転がりながら、まさにちびくろサンボが隠れていた木の下にやってきましたが、サンボは傘の後ろにすばやく飛び込みました。

36 そしてトラたちは全員お互いのしっぽをつかみました。

37 いがみあったりもみあったりしているうちに、トラたちは木のまわりでひとつの輪になっていました。

38 それから、トラたちがとてもちっちゃく、とても遠くなったところで、ちびくろサンボは飛び上がって叫びました。「おーい！トラさんたち！どうしてすて

きな服を全部ぬいじゃったの？もういらないの？」

[39] しかしトラたちは「グル‐ル‐ル‐ルルルルル！」と答えるだけでした。

[40] それからちびくろサンボは言いました。「ほしいならそう言ってね。じゃないと持っていっちゃうよ。」

[41] しかしトラたちは互いのしっぽをはなそうとはしませんでした。だから「グル‐ル‐ル‐ルルルルル！」としか言えませんでした。

[42] だからちびくろサンボはまた立派な服をすべて身につけ、歩いて去りました。

[43] そしてトラたちはとてもカンカンに怒りましたが、それでも互いのしっぽをはなそうとはしませんでした。

[44] トラたちはとても怒っていたので、互いを食べてしまおうとして木のまわりをぐるぐる走り、どんどん速く走って、あまりに速く走りまわったので、脚がまったく見えなくなってしまいました。

[45] そしてトラたちはまださらにもっと速く、どんどん速く走って、ついにはみんなすっかり溶けて消えてしまいました。そして、木の下のまわりには溶けたバター（インドでは「ギー」と呼ばれる）の大きな池のほかに何も残っていませんでした。

[46] いまブラック・ジャンボはちょうど仕事から家に帰るところで、とても大きな真鍮（しんちゅう）のつぼを腕にかかえており、トラたちの残したものを見て言いました。「おお！なんてすばらしい溶けたバターだ！家に持ち帰って、ブラック・マンボに料理をつくってもらおう。」

47 それで彼はそれをすべて大きな真鍮（しんちゅう）のつぼに入れ、料理につかってもらうためにブラック・マンボのもとに持ち帰りました。

48 ブラック・マンボは溶けたバターを見て、おおよろこび！

49 「さあ」彼女は言いました。「夕食はみんなでパンケーキにしましょう！」

50 それで彼女は小麦粉と卵と牛乳と砂糖とバターをつかって、おおきなお皿いっぱいに最高のパンケーキを作りました。そしてトラたち特製の溶けたバターでそれを焼くと、黄色と茶色でちょうど小さいトラみたいでした。

2

51 それからみんな夕食の席につきました。そしてブラック・マンボはパンケーキを 27 枚、ブラック・ジャンボは 55 枚食べましたが、ちびくろサンボはとてもおなかがすいていたので、169 枚食べました。

　最初に簡単なあらすじを述べると、少年サンボが散歩中、トラたちに服を取られ、トラたちがケンカして木のまわりをぐるぐる追いかけ回っているうちに溶けてバターになってしまう話です。

詳細は忘れていても、**トラがバターになる話**で覚えていた方も多いのではないでしょうか。もともとは英国人ヘレン・バナーマンが、滞在したインドでの経験をもとに手作りし、それが英国の出版社を通じて 1899 年に刊行されました。以来、人気を博し、日本語版でも多くのバージョンが作られています。

　内容はシンプルなので読んでいただければあまり説明を必要とするところがありません。だからここでは、この本をめぐる**黒人差別問題の経緯**について解説いたします。

1899	英国版刊行 *The Story of Little Black Sambo*
1900	米国版刊行
1953	岩波書店から日本版刊行
1950 年代 〜 1960 年代	米国で黒人の公民権運動が高まる
1970 年代	公民権運動と連動して『ちびくろサンボ』は黒人差別であると批判を受けるようになる
1988	日本のすべての出版社が『ちびくろサンボ』の絵本を自主的に絶版にする
2005	瑞雲舎から岩波版が復刊

読むと内容に差別的な意図を感じる部分が見当たらないため、いったいこの本の何が問題なのか不思議に思う方も多いでしょう。批判されたのは主に次の点です。

（１）アメリカとイギリスで黒人への蔑称である「サンボ」が使われている
（２）イラストにステレオタイプ化された黒人像が用いられている
（３）黒人を野蛮人として描いている

　確かにこの主張を当てはめようと思えば当てはめることは可能です。しかし別の面もあります。例えば、（１）南インドでは「サンボ」は神聖な意味を持つ言葉で、よくある人名です。（２）（３）については絵本なのでおもしろさをねらって戯画的に表現している部分もあるでしょう。そもそもサンボはインド系なのですが、当時の人々がインドのことをよく知らず、アフリカ系黒人の絵で別版を作ったという経緯もあります。

　いろいろな意見があると思いますが最終的には**読む人の意識次第**です。差別だと思って読むと差別に見えるでしょうし、そうでなければ特に差別には見えず楽しい絵本です。言い換えると、**読む人の心が本に反映される**とも言えます。

　国や文化が違えば考え方も感じ方も異なります。異文化を知り、受け入れていくことで人の心は成長します。文学は**異文化を学ぶ場**のひとつです。

　個人的な意見を言うと、他人の意見に流されるのでなく、**問題となっているものを自分の目で見て、自分で判断すること**を大事にしてほしいと思っています。だから今回ここに『ちびくろサンボ』の物語を掲載しました。

レベル2の
おすすめ洋書

英検3級〜　　TOEIC 300〜　　中学〜

※表紙のデザインは版によって異なります

原書
The Giving Tree
Shel Silverstein

『おおきな木』

読む立場によって感じ方も変わります。大人にこそおすすめの絵本。愛とは。

Oxford Bookworms Stage 2
Romeo and Juliet
William Shakespeare

『ロミオとジュリエット』

脚本形式なので英会話の練習にもおすすめ。（音声同梱版あり）

原書
The Man Who Walked Between the Towers
Mordicai Gerstein

『綱渡りの男』

実話をもとにした絵本。映画化もされています。

Oxford Bookworms Stage 2
Much Ado About Nothing
William Shakespeare

『から騒ぎ』

脚本形式。登場人物が多いので確かめながら読みましょう。（音声同梱版あり）

原書
The Boy, the Mole, the Fox and the Horse
Charlie Mackesy

『ぼく モグラ キツネ 馬』

少年とモグラ、キツネ、馬の冒険と心の交流を描いたアート絵本。

Pearson English Readers Level 2
Tales from the Arabian Nights

『千一夜物語』

10編に分かれ、1つ1つの話が短いため読む練習に使いやすいです。（音声同梱版あり）

原書
The Enormous Crocodile
Roald Dahl
『どでかいワニの話』
（音声別売）

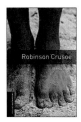

Oxford Bookworms Stage 2
Robinson Crusoe
Daniel Defoe
『ロビンソン・クルーソー』
（音声同梱版あり）

原書
Wolf Pie
Brenda Seabrooke
3匹のコブタとオオカミパイのお話。

Oxford Bookworms Stage 2
Huckleberry Finn
Mark Twain
『ハックルベリー・フィンの冒険』
（音声同梱版あり）

原書
What Do You Do with an Idea?
Kobi Yamada
『アイデアたまごのそだてかた』

Pearson English Readers Level 2
Gulliver's Travels
Jonathan Swift
『ガリヴァー旅行記』
（音声同梱版あり）

原書
The Three Robbers
Tomi Ungerer
『すてきな三にんぐみ』

Pearson English Active Readers Level 2
Don Quixote
Miguel de Cervantes
『ドン・キホーテ』
（音声同梱版あり）

原書
The Little House
Virginia Lee Burton
『ちいさいおうち』

Pearson English Readers Level 2
A Christmas Carol
Charles Dickens
『クリスマス・キャロル』
（音声同梱版あり）

朗読音声の準備

英語読書を成功させるために**朗読音声**がもつ力は非常に大きいです。**読む速度**を**読書が楽しめるレベル**まで引き上げてくれます。問題は準備がやや大変なことです。音源の入手方法はいろいろあります。

- ▶ **音声同梱版を購入**　　　各 Graded Readers など
- ▶ **別売音声を購入**　　　　Audible.com や別売 CD など
- ▶ **LibriVox で探す**　　　パブリックドメインの朗読音声
- ▶ **YouTube などで探す**　読み聞かせ動画があるかも

　有名な本ならほとんどはこのいずれかで音源を見つけられます。機械音声で良ければ AI の読み上げもありますが、**プロの朗読音声**のほうが質は高いです。

Level
3

Nathaniel Hawthorne

— **1804-1864** —

アメリカ文学の代表的な作家の一人。

現実と虚構の間を揺れ動く奇妙な作風で知られる。

代表作は *The Scarlet Letter*『緋文字』や

The House of the Seven Gables『七破風の館』など。

The Ambitious Guest

ambitious
　大望のある
guest 客

1,384 words

▶ 音声 _ 003

1　One December night, a long, long time ago, a family sat around the fireplace in their home. A golden light from the fire filled the room. The mother and father laughed at something their oldest daughter had just said. The girl was seventeen, much older than her little brother and sister, who were only five and six years old.

fireplace 暖炉

fill 満たす

laugh 笑う
daughter 娘

2　A very old woman, the family's grandmother, sat

knitting in the warmest corner of the room. And a baby, the youngest child, smiled at the fire's light from its tiny bed. This family had found happiness in the worst place in all of New England. They had built their home high up in the White Mountains, where the wind blows violently all year long.

3　The family lived in an especially cold and dangerous spot. Stones from the top of the mountain above their house would often roll down the mountainside and wake them in the middle of the night. No other family lived near them on the mountain. But this family was never lonely. They enjoyed each other's company, and often had visitors. Their house was built near an important road that connected the White Mountains to the Saint Lawrence River.

4　People traveling through the mountains in wagons always stopped at the family's door for a drink of water and a friendly word. Lonely travelers, crossing the mountains on foot, would step into the house to share a hot meal. Sometimes, the wind became so wild and cold that these strangers would spend the night with the family. The family offered every traveler who stopped at their home a kindness that money could not buy.

knit 編む
warm あたたかい

tiny 小さい

worst 最悪の

blow 吹く
violently 激しく，乱暴に

especially 特に

spot 場所，地点
above ～ ～の上の［に，で］

middle 真ん中

lonely 孤独な，寂しい
enjoy one's company ～と一緒にいることを楽しむ
connect つなげる，つながる

travel 旅をする
through ～ ～を通って
wagon （4輪の）荷馬車
lonely 孤独な，寂しい
would ～したものだ
step 歩を進める
share 共有する
meal 食事
stranger よそ者，見知らぬ人
offer 提供する，差し出す
kindness 親切

5 On that December evening, the wind came rushing down the mountain. It seemed to stop at their house to knock at the door before it roared down into the valley. The family fell silent for a moment. But then they realized that someone really was knocking at their door. The oldest girl opened the door and found a young man standing in the dark.

rush 勢いよく流れる
seem 〜に見える
roar うなる，ほえる
valley 谷
fall silent
　静かになる
moment 瞬間
realize 気づく

6 The old grandmother put a chair near the fireplace for him. The oldest daughter gave him a warm, shy smile. And the baby held up its little arms to him. "This fire is just what I needed," the young man said. "The wind has been blowing in my face for the last two hours."

fireplace 暖炉

blow 吹く

7 The father took the young man's travel bag. "Are you going to Vermont?" the older man asked. "Yes, to Burlington," the traveler replied. "I wanted to reach the valley tonight. But when I saw the light in your window, I decided to stop. I would like to sit and enjoy your fire and your company for a while."

Vermont
　アメリカ北東部の州
Burlington バーモ
　ント州最大の都市
reply 返事（をする）
reach 到達する
decide 決める
would like to 〜
　〜したい
enjoy one's
　company
　〜と話して楽しむ

8 As the young man took his place by the fire, something like heavy footsteps was heard outside. It sounded as if someone was running down the side of the mountain, taking enormous steps. The father looked out one of the windows.

footstep 足音，足跡

sound
　〜の音がする；音
as if 〜
　まるで〜のように
enormous 巨大な

9 "That old mountain has thrown another stone at us again. He must have been afraid we would forget him. He sometimes shakes his head and makes us think he will come down on top of us," the father explained to the young man. "But we are old neighbors," he smiled. "And we manage to get along together pretty well. Besides, I have made a safe hiding place outside to protect us in case a slide brings the mountain down on our heads."

10 As the father spoke, the mother prepared a hot meal for their guest. While he ate, he talked freely to the family, as if it were his own. This young man did not trust people easily. Yet on this evening, something made him share his deepest secret with these simple mountain people.

11 The young man's secret was that he was ambitious. He did not know what he wanted to do with his life, yet. But he did know that he did not want to be forgotten after he had died. He believed that sometime during his life, he would become famous and be admired by thousands of people. "So far," the young man said, "I have done nothing. If I disappeared tomorrow from the face of the earth, no one would know anything about me. No one would ask 'Who was he? Where did he go?' But I cannot

---

must have 過去分詞
〜したに違いない
afraid 恐い

explain 説明する

neighbor 隣人
manage to 〜
何とか〜する
get along
仲良くする
pretty
かなり；かわいい
besides
その上，さらに
in case 〜 〜に備えて
slide 地すべり
prepare 準備する
guest 客
while 〜 〜の間
as if 〜 まるで〜のように
own 自分自身の
trust 信頼する
yet しかし；まだ；もう
share 共有する
deep 深い
secret 秘密
simple 素朴な
ambitious
大望のある

die 死ぬ

during 〜 〜の間に
famous 有名な
admire 敬服する，感嘆する
so far 今のところ

disappear 消える

die until I have reached my destiny. Then let death come! I will have built my monument!"

The young man's powerful emotions touched the family. They smiled. "You laugh at me," the young man said, taking the oldest daughter's hand. "You think my ambition is silly." She was very shy, and her face became pink with embarrassment. "It is better to sit here by the fire," she whispered, "and be happy, even if nobody thinks of us."

Her father stared into the fire. "I think there is something natural in what the young man says. And his words have made me think about our own lives here. It would have been nice if we had had a little farm down in the valley. Some place where we could see our mountains without being afraid they would fall on our heads. I would have been respected by all our neighbors. And, when I had grown old, I would die happy in my bed. You would put a stone over my grave so everyone would know I lived an honest life."

"You see!" the young man cried out. "It is in our nature to want a monument. Some want only a stone on their grave. Others want to be a part of everyone's memory. But we all want to be remembered after we

reach 到達する
destiny 運命
monument 記念碑,
　不朽の業績

emotion 感情
touch 感動させる,
　触れる

ambition
　大望, 野望
silly 馬鹿な
embarrassment
　困惑, 当惑
whisper ささやく,
　ささやき

stare 見つめる

natural
　当然の；自然の

farm 農場
valley
　谷間, 凹地 （くぼち）

respect 尊敬する

neighbor 近所の人,
　隣人
die 死ぬ

grave 墓
honest 正直な

nature 本質；自然
monument 記念碑,
　不朽の業績
memory
　思い出, 記憶
remember
　覚えている

die!" The young man threw some more wood on the fire to chase away the darkness.

15 The firelight fell on the little group around the fireplace: the father's strong arms and the mother's gentle smile. It touched the young man's proud face, and the daughter's shy one. It warmed the old grandmother, still knitting in the corner. She looked up from her knitting and, with her fingers still moving the needles, she said, "Old people have their secrets, just as young people do."

16 The old woman said she had made her funeral clothes some years earlier. They were the finest clothes she had made since her wedding dress. She said her secret was a fear that she would not be buried in her best clothes. The young man stared into the fire. "Old and young," he said. "We dream of graves and monuments. I wonder how sailors feel when their ship is sinking, and they know they will be buried in the wide and nameless grave that is the ocean?"

17 A sound, rising like the roar of the ocean, shook the house. Young and old exchanged one wild look. Then the same words burst from all their lips. "The slide! The slide!" They rushed away from the house, into the darkness, to the secret spot the father had

threw throw（投げる）の過去
chase away 追い払う
darkness 闇

firelight 火の明かり

fireplace 暖炉

gentle 優しい
proud 誇らしげな

knit 編む

funeral 葬式
clothes 衣服

fear 恐怖
bury 埋める
stare 見つめる

grave 墓

monument 記念碑，不朽の業績
wonder 不思議に思う
sailor 船乗り
sink 沈む
nameless 名のない
ocean 海，大洋
shook shake（揺らす）の過去
exchange 交換する

burst 勢いよく発する
slide 地すべり
rush 急ぐ

built to protect them from the mountain slide. The whole side of the mountain came rushing toward the house like a waterfall of destruction.

whole 全体の

waterfall 滝
destruction 破壊

But just before it reached the little house, the wave of earth divided in two and went around the family's home. Everyone and everything in the path of the terrible slide was destroyed, except the little house. The next morning, smoke was seen coming from the chimney of the house on the mountain. Inside, the fire was still burning. The chairs were still drawn up in a half circle around the fireplace. It looked as if the family had just gone out for a walk.

reach 到達する
wave 波
divide 分かれる，分ける
path 通り道

terrible ひどい
destroy 破壊する
except ～
　～を除いて
chimney 煙突

draw 引く，引き寄せる
circle 円，輪
fireplace 暖炉
as if ～ まるで～のように

3

Some people thought that a stranger had been with the family on that terrible night. But no one ever discovered who the stranger was. His name and way of life remain a mystery. His body was never found.

terrible ひどい

discover 発見する；知る
remain ～のままである
mystery 謎

大望を抱く客人

1 むかしむかし、12月のある夜、ある家族が家の中で暖炉の周りに座っていました。火からの金色の光が部屋を満たしました。母親と父親は長女がちょうど言ったばかりのことに笑っていました。少女は17歳で、わずか5歳と6歳の弟と妹よりずっと年上でした。

2 その一家の祖母である非常に年老いた女性が、部屋の最も暖かい隅で編み物をしながら座っていました。そして末っ子である赤ちゃんは、小さなベッドから火の光に向かってほほえみました。この家族はニューイングランド中で最も劣悪な場所で幸せを見つけていました。彼らはホワイト・マウンテンの高いところに家を建てていました。そこでは風が一年中激しく吹きます。

3 その一家は特に寒くて危険な場所に住んでいました。彼らの家の上にある山の頂上からの石は、しばしば山腹を転がり落ち、夜中に彼らの眠りを覚ましたものでした。山で彼らの近くに住んでいる家族は他にいませんでした。しかしこの一家は決して寂しくはありませんでした。彼らはお互いと一緒に時間を過ごすことを楽しんでおり、しばしば訪問者がいました。彼らの家は、ホワイト・マウンテンとセント・ローレンス川を結ぶ重要な道路の近くに建てられました。

4 荷馬車で山中を旅する人々は、水を飲み、親しみのある言葉を交わすために、いつもその家族の戸口に立ち寄りました。孤独な旅人たちは、徒歩で山を越え、温かい食事を共にするためにその家へ足を踏み入れたものでした。時には風が非常に激しく、また冷たくなったので、これらの見知らぬ人々がその一家と一緒に夜を過ごしたものでした。その一家は、家に立ち寄ったすべての旅人にお金では買えない親切を提供しました。

5 その12月の夕方、風が山を勢いよく吹き下りてきました。谷に轟音を立てる前に、彼らの家に立ち寄ってドアをノックしたようでした。一家は一瞬沈黙しました。しかしそれから、誰かが本当にドアをノックしていることに気がつきました。長女がドアを開けると、一人の若い男が暗闇の中に立っているのを見つけました。

6 年老いた祖母は彼のために暖炉の近くに椅子を置きました。長女はあたたかくはにかんだ笑顔を彼に向けました。そして赤ちゃんは彼に小さな腕を向けました。「この火はまさに私が必要としていたものです」と若者は言いました。「この2時間、風が顔に吹きつけていました。」

7 父親は若者の旅行かばんを受け取りました。「バーモントに行かれるのですか?」父親はたずねました。「はい、バーリントンへ」旅人は答えました。「今夜は谷にたどり着きたいと思っていました。しかしあなたがたの家の窓から明かりが見えて、とどまろうと決めました。しばらくの間、座って火であたたまり、みなさんとお話しさせていただきたくて。」

8 若者が火のそばにつくと、外から重い足音のようなものが聞こえました。まるで誰かがとてつもなく大きな足取りで山腹を駆け下りているように聞こえました。父親は窓のひとつから外を見ました。

9 「あの老いぼれ山がまた私たちに石を投げつけてきたんですよ。山は私たちが彼を忘れてしまうのではないかと恐れていたに違いありません。山は時々頭を振って、私たちの上に降ってくるのではないかと思わせるんです」と父親は若者に説明しました。「でも私たちは古くからの隣人です」彼はほほえみました。「そして私たちはとても仲良くやっていくことができます。その上、地滑りで山が頭上に落ちてきた場合に備えて、身を守るために外に安全な隠れ場所を作りました。」

[10] 父親が話しているとき、母親は客のために温かい食事を用意しました。彼は食事をする間、まるで自分の家族であるかのように、その一家と自由に話しました。 この若者は簡単に人を信用しませんでした。しかしこの晩、何かが彼に彼の最も深い秘密をこの素朴な山の人々と共有させました。

[11] その若者の秘密は、彼が大望を抱いているということでした。 まだ自分の人生で何をしたいのかは知りませんでした。しかし彼は自分が死んだ後に忘れられたくないことは知っていました。彼は、人生のいずれかの時に有名になり、何千人もの人々に賞賛されると信じていました。「これまでのところ、」若者は言いました。「僕は何もなしていません。もし僕が明日地球の表面から姿を消したとしても、誰も僕について何も知らないでしょう。『彼は誰でしたか？彼はどこに行ったのですか？』とたずねる人はいないでしょう。しかし僕は自分の運命に到達するまでは死ぬことはできません。そのあとなら死んでもいい！僕は自分の記念碑をつくっていることでしょう！」

[12] 若者の力強い感情は家族に感動を与えました。彼らはほほえみました。「僕のことをお笑いになりましたね」若者は長女の手を取りながら言いました。「僕の大望がばかげているとお思いなのですね」彼女はとても恥ずかしがり屋で、恥ずかしさで顔が真っ赤になりました。「ここで火のそばに座っているほうがいいわ」彼女はささやきました。「そして幸せでいるほうが。たとえ誰も私たちのことを気に留めないとしても。」

[13] 父親は火を見つめました。「若者の言うことには一理あると思う。彼の言葉はここでの私たち自身の生活について考えさせてくれた。谷に小さな農場を持てたらすばらしかっただろうに。山が頭上に落ちることを恐れずに山を見ることができる場所に。私はすべての隣人から尊敬されていただろう。そして、私が年をとったとき、私は自分のベッドで幸せに死ぬんだ。墓にひとつ石を置いてもらい、私が誠実な人生を送ったことをみんなに知ってもらうのだ。」

14 「ほうら！」若者は叫びました。「記念碑を欲しがるのは私たちの性質です。墓に石だけが欲しい人もいれば、みんなの思い出の一部になりたい人もいます。しかし私たちは皆、死んだ後も覚えていてもらいたいのです！」若者は暗闇を追い払うために火にさらに薪をくべました。

15 暖炉の周りにいる面々の上に火の光が落ちました。光が父親の力強い腕と母親の優しい笑顔、若者の誇らしげな顔と娘のはにかんだ顔を照らしました。それは、まだ隅で編み物をしている祖母も暖めていました。彼女は編み物から顔を上げ、指でまだ針を動かしながらいいました。「年寄りにも、若い人たちと同じように秘密があるのですよ。」

16 祖母は、数年前に自分の葬儀の服を作ったと言いました。それはウェディングドレスをつくったとき以来の最高の服でした。彼女の秘密は、一番良い服を着て埋められなかったらどうしようという心配だ、と祖母は言いました。若者は火を見つめました。「老いも若きも」彼は言いました。「私たちは墓や記念碑を夢見ます。自分の船が沈みかけていて、海という広大で名もない墓に埋葬されると知ったとき、船乗りたちはどのように感じるのでしょうね。」

17 海がうなるような音が鳴り、家を揺らしました。老いも若きも、険しい面持ちで視線を交わしました。すると、同じ言葉が彼らの口から飛び出しました。「地滑り！地滑りだ！」彼らは家から飛び出し、闇の中へ、父親が地滑りから自分たちを守るために作った秘密の場所へと急ぎました。山の斜面全体が破壊の滝のように家に向かって押し寄せてきました。

18 しかし土砂の波は、小さな家に到達する直前、２つに分かれて一家の家の周りを囲むように流れました。小さな家を除き、恐ろしい地滑りの進路にあったすべての人とものが破壊されました。翌朝、山の家の煙突から煙が上がっているのが見えました。中では、火がまだ燃えていました。椅子はまだ暖炉の周りに半円形に並べられていました。まるで一家が散歩に出かけただけのように見え

ました。

19 その恐ろしい夜に見知らぬ人が一家と一緒にいたと考える人もいました。しか
しその見知らぬ人が誰であるかを知る人はいませんでした。彼の名前もどんな
人物だったのかも謎のままです。彼の体が見つかることはありませんでした。

　小説のおもしろさのひとつに**複雑なテーマが編みこまれていて様々な見方ができる**ところがあります。この小説では**「どう生きるか」**、**「どう死ぬか」**、**「幸せとは何か」**、**「人生とは」**などのテーマを見つけることができます。

　後世に名を残したいと大望を語る若者の気持ちは、実行するかどうかは別にして誰でも心に抱いたことがあると思います。それとは対照的に「誰にも気にかけられないとしても、暖炉の火を囲み、幸せでいるほうがいい」と**何気ない日常を大切に思う長女**の考えにも共感できます。小さな農場を持ちたかった父親、埋葬される時のために服を用意する祖母、どれも**人間らしい気持ち**です。

　幸福も人生も明確に定義することはできません。しかし、それらについて考えることや表現することは可能です。そうすることで人は希望を見出したり、自分の影を受け入れたりできるようになります。

　一家は難を逃れ、若者の消息はわかりません。世の中で大きな成功をおさめることよりも大切なことがある、そしてそれは身近で平凡な日常の中にある、と言うこともできるかもしれません。一方で若者の夢を追う輝きが美しいことも確かです。

　情報網の発達により大きな成功に目を奪われがちですが、**成功と幸せは必ずしも一致しません**。成功するためには大勢から認められる必要があります。一方、幸せは個人的なもので誰かに認めてもらう必要はありません。両方を得られれば良いのかもしれませんが、**本当に大切なものはどちらでしょうか**。

レベル3の おすすめ洋書

英検準2級〜 | TOEIC 400〜 | 高校基礎〜

※表紙のデザインは版によって異なります

原書
The Magic Finger
Roald Dahl

『魔法のゆび』

物語の長さが短く、挿絵も豊富なので初めてのペーパーバックにおすすめ。（音声別売）

Pearson English Readers Level 3
A Midsummer Night's Dream
William Shakespeare

『真夏の夜の夢』

シェイクスピア脚本の簡約版。楽しい話が好きな方におすすめ。（音声同梱版あり）

原書
My Father's Dragon
Ruth Stiles Gannett

『エルマーのぼうけん』

冒険物語3部作の1冊目。（音声別売）

Oxford Dominoes Level 3
The Curious Case of Benjamin Button & Other Stories
F. Scott Fitzgerald

『ベンジャミン・バトン　数奇な人生』&他6編

（音声同梱版）

原書
Lafcadio, The Lion Who Shot Back
Shel Silverstein

『ライオンのラフカディオ』

ジャングルのライオンが都会にやって来て生活する話。

Pearson English Readers Level 3
The Canterbury Tales
Geoffrey Chaucer

『カンタベリー物語』

イギリスの古典の簡約版。様々な物語が語られます。（音声同梱版あり）

原書
Fantastic Mr. Fox
Roald Dahl
『すばらしき父さん狐』
（音声別売）

Pearson English Readers Level 3
Hamlet
William Shakespeare
『ハムレット』
（音声同梱版あり）

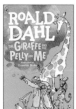

原書
The Giraffe and the Pelly and Me
Roald Dahl
『こちらゆかいな窓ふき会社』
（音声別売）

Pearson English Readers Level 3
Othello
William Shakespeare
（音声同梱版あり）

原書
George's Marvelous Medicine
Roald Dahl
『ぼくのつくった魔法のくすり』
（音声別売）

Pearson English Readers Level 3
King Lear
William Shakespeare
『リア王』
（音声同梱版あり）

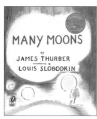

原書
Many Moons
James Thurber
『たくさんのお月さま』

Pearson English Readers Level 3
Dr Jekyll and Mr Hyde
Robert Louis Stevenson
『ジキル博士とハイド氏』
（音声同梱版あり）

Scholastic Level 2
The Devil Wears Prada
Lauren Weisberger
『プラダを着た悪魔』
（音声同梱版あり）

Oxford Bookworms Stage 3
The Call of the Wild
Jack London
『野生の呼び声』
（音声同梱版あり）

シェイクスピア戯曲

英文学といえば**シェイクスピア**。**シェイクスピア戯曲**の **Graded Readers**（段階別読本）は大人におすすめしたい英語本の筆頭です。

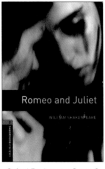

Oxford Bookworms Stage 2
Romeo and Juliet

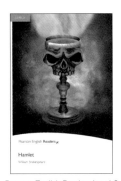

Pearson English Readers Level 3
Hamlet

Pearson English Readers Level 4
The Merchant of Venice

おすすめの 理由	①内容が大人向き ②学習段階別にレベル調整されている ③朗読音声を利用できる

脚本形式なので**英会話**の練習にも最適です。朗読音声が 1 冊 50 分〜120 分程度で終わるのもちょうど良い感じです。

Level
4

Frank R. Stockton

1834-1902

1880-90年代に活躍したアメリカの作家。
ユーモア小説も、児童文学も、冒険小説も書いた多作な作家。
『女か、虎か』があまりに有名になったため、
ほかの作品はあまりかえりみられることがなかった。

The Lady, or the Tiger?

1,575 words

▶ 音声 _ 004

First edition cover, 1884

Long ago, in the very olden time, there lived a powerful king. Some of his ideas were progressive. But others caused people to suffer.

olden
[古] 昔の，古い
progressive 進歩的
な，前進的な
cause A to ～
A が～するのを引き
起こす
suffer 苦しむ

2 One of the king's ideas was a public arena as an agent of poetic justice. Crime was punished, or innocence was decided, by the result of chance. When a person was accused of a crime, his future would be judged in the public arena.

public
公開の，公共の
arena
闘技場，試合場
agent 代理人
poetic 詩的な
justice 正義，裁判
crime 犯罪
punish 罰する
innocence 無罪
accuse 訴える

3 All the people would gather in this building. The king sat high up on his ceremonial chair. He gave a sign. A door under him opened. The accused person stepped out into the arena. Directly opposite the king were two doors. They were side by side, exactly alike. The person on trial had to walk directly to these doors and open one of them. He could open whichever door he pleased.

gather
集まる；集める
ceremonial 儀式の

opposite 反対側に

trial 裁判，公判

**whichever door
he pleased**
好きな扉をどちらで
も

4 If the accused man opened one door, out came a hungry tiger, the fiercest in the land. The tiger immediately jumped on him and tore him to pieces as punishment for his guilt. The case of the suspect was thus decided.

fierce 獰猛（どうも
う）な
immediately ただ
ちに
tore tear（引き裂く）
の過去形
guilt 罪，犯罪
punishment 罰
thus このように，し
たがって
iron 鉄の

5 Iron bells rang sadly. Great cries went up from the paid mourners. And the people, with heads hanging low and sad hearts, slowly made their way home. They mourned greatly that one so young and fair, or so old and respected, should have died this way.

paid 雇われた，支払
い済みの
mourner 悲しむ人，
会葬者
hang ぶら下がる，
吊るす
mourn 悲しむ，嘆く
fair 有望な，美しい

6 But, if the accused opened the other door, there came forth from it a woman, chosen especially for the person. To this lady he was immediately married, in honor of his innocence. It was not a problem that he might already have a wife and family, or that he might have chosen to marry another woman. The king permitted nothing to interfere with his great method of punishment and reward.

the accused 被告人

forth 外へ，前へ

immediately
ただちに
in honor of 〜
〜を祝して
innocence
無罪，潔白
might
〜かもしれない
permit 許す，認める
interfere 邪魔をする
method 方法
punishment 罰
reward 報酬，報い

7 Another door opened under the king, and a clergyman, singers, dancers and musicians joined the man and the lady. The marriage ceremony was quickly completed. Then the bells made cheerful noises. The people shouted happily. And the innocent man led the new wife to his home, following children who threw flowers on their path.

clergyman
聖職者，牧師

complete
完全にする
innocent 無罪の
led lead（導く）の
過去形

path 通り道，小道

8 This was the king's method of carrying out justice. Its fairness appeared perfect. The accused person could not know which door was hiding the lady. He opened either as he pleased, without knowing whether, in the next minute, he was to be killed or married.

carry out 実行する
justice 正義，裁判
fairness 公正（さ）

as he pleased
好きなように
whether 〜
〜かどうか

9 Sometimes the fierce animal came out of one door. Sometimes it came out of the other.

fierce 獰猛（どうもう）な

This method was a popular one. When the people gathered together on one of the great trial days, they never knew whether they would see a bloody killing or a happy ending. So everyone was always interested. And the thinking part of the community would bring no charge of unfairness against this plan. Did not the accused person have the whole matter in his own hands?

method 方法

gather
集まる；集める
trial 裁判，公判
bloody 血まみれの

charge
非難，攻撃；責任
unfairness 不公平
whole 全体の

◆

The king had a beautiful daughter who was like him in many ways. He loved her above all humanity. The princess secretly loved a young man who was the best-looking and bravest in the land. But he was a commoner, not part of an important family.

humanity
人間，人間性

brave 勇敢な

commoner 平民，
一般人

One day, the king discovered the relationship between his daughter and the young man. The man was immediately put in prison. A day was set for his trial in the king's public arena. This, of course, was an especially important event. Never before had a common subject been brave enough to love the daughter of the king.

discover 発見する
relationship 関係

immediately
ただちに
prison 監獄，刑務所

especially 特に

subject 家臣，臣下

The king knew that the young man would be punished, even if he opened the right door. And the king would take pleasure in watching the series of

punish 罰する
even if ～
たとえ～でも
pleasure 喜び

4

events, which would judge whether or not the man had done wrong in loving the princess.

judge 判断する
whether ～～かどう
か

◆

The day of the trial arrived. From far and near the people gathered in the arena and outside its walls. The king and his advisers were in their places, opposite the two doors. All was ready. The sign was given. The door under the king opened and the lover of the princess entered the arena.

trial 裁判, 公判

gather
集まる；集める

opposite ～
～の反対側に

Tall, beautiful and fair, his appearance was met with a sound of approval and tension. Half the people had not known so perfect a young man lived among them. No wonder the princess loved him! What a terrible thing for him to be there!

appearance 外見

approval
是認, 承認
tension 緊張, 不安

(it is) no
wonder(that) ～
～は不思議ではない
terrible
ひどい, 恐ろしい

As the young man entered the public arena, he turned to bend to the king. But he did not at all think of the great ruler. The young man's eyes instead were fixed on the princess, who sat to the right of her father.

bend かがむ, 曲がる

ruler 支配者
instead かわりに
fix 向ける；固定する

From the day it was decided that the sentence of her lover should be decided in the arena, she had thought of nothing but this event.

sentence
判決, 宣告；文
arena
闘技場, 試合場
but ～ ～以外

The princess had more power, influence and force

influence 影響（力）

of character than anyone who had ever before been interested in such a case. She had done what no other person had done. She had possessed herself of the secret of the doors. She knew behind which door stood the tiger, and behind which waited the lady. Gold, and the power of a woman's will, had brought the secret to the princess.

She also knew who the lady was. The lady was one of the loveliest in the kingdom. Now and then the princess had seen her looking at and talking to the young man.

The princess hated the woman behind that silent door. She hated her with all the intensity of the blood passed to her through long lines of cruel ancestors.

Her lover turned to look at the princess. His eye met hers as she sat there, paler and whiter than anyone in the large ocean of tense faces around her. He saw that she knew behind which door waited the tiger, and behind which stood the lady. He had expected her to know it.

The only hope for the young man was based on the success of the princess in discovering this mystery.

force of character
人格的な強さ（道徳的・倫理的な性質の強さ）
possess
所有する，持つ

will 意志

lovely 美しい
now and then 時々

hate 嫌悪（する）
intensity 激しさ
cruel 残酷な
ancestor 祖先

pale 青白い

ocean of ～多くの～
tense 緊張した

expect A to ～
Aが～するのを予想する［期待する］

success 成功
discover 発見する

4

When he looked at her, he saw that she had been successful, as he knew she would succeed.

successful 成功した
succeed 成功する

23 Then his quick and tense look asked the question: "Which?" It was as clear to her as if he shouted it from where he stood. There was not time to be lost.

24 The princess raised her hand, and made a short, quick movement toward the right. No one but her lover saw it. Every eye but his was fixed on the man in the arena.

movement 動き
but ～ ～以外
fix 向ける；固定する

25 He turned, and with a firm and quick step he walked across the empty space. Every heart stopped beating. Every breath was held. Every eye was fixed upon that man. He went to the door on the right and opened it.

firm
　しっかりした，堅い
empty
　空っぽの，空いた
beat
　（心臓が）鼓動する

◆

26 Now, the point of the story is this: Did the tiger come out of that door, or did the lady?

27 The more we think about this question, the harder it is to answer. It involves a study of the human heart. Think of it not as if the decision of the question depended upon yourself. But as if it depended upon that hot-blooded princess, her soul at a white heat

the ＋比較級～, the
　比較級… ～するほど，
　その分いっそう…
involve 必ず含む；
　巻き込む
not A but B
　A でなく B
as if ～
　まるで～のように
depend upon[on]
　A A に依存する，A
　次第だ
soul 魂

under the fires of sadness and jealousy. She had lost him, but who should have him?

28 How often, in her waking hours and in her dreams, had she started in wild terror, and covered her face with her hands? She thought of her lover opening the door on the other side of which waited the sharp teeth of the tiger!

29 But how much oftener had she seen him open the other door? How had she ground her teeth, and torn her hair, when she had seen his happy face as he opened the door of the lady! How her soul had burned in pain when she had seen him run to meet that woman, with her look of victory. When she had seen the two of them get married. And when she had seen them walk away together upon their path of flowers, followed by the happy shouts of the crowd, in which her one sad cry was lost!

30 Would it not be better for him to die quickly, and go to wait for her in that blessed place of the future? And yet, that tiger, those cries, that blood!

31 Her decision had been shown quickly. But it had been made after days and nights of thought. She had known she would be asked. And she had decided

jealousy
嫉妬，ねたみ

terror 恐怖

sharp するどい

ground grind（こすり合わせる）の過去形・過去分詞
torn tear（裂く）の過去分詞
soul 魂
pain 苦痛，痛み

victory 勝利

path 通り道，小道

crowd 群衆

the blessed place
天国

decision 決定，決断

4

what she would answer. And she had moved her hand to the right.

32 The question of her decision is one not to be lightly considered. And it is not for me to set myself up as the one person able to answer it. And so I leave it with all of you:

lightly 軽く，軽率に

consider
考える，考慮する
leave A with B
A を B にゆだねる

33 Which came out of the open door – the lady, or the tiger?

女か、虎か

1　むかし、とても遠いむかし、力強い王がいました。彼の考えには進歩的なもの もありましたが、人々を苦しめる原因となるものもありました。

2　王の考えの 1 つは、詩的な正義の手段としての公開闘技場でした。偶然の結 果によって、犯罪が罰されたり、無罪が決定されたりしました。ある人が悪事 で訴えられると、その人の将来は公開の闘技場で裁かれます。

3　すべての人がこの建物に集まります。王は儀式用の椅子で高いところに座りま した。王は合図を出しました。王がいる場所の下にある扉が開きました。被告 人が闘技場に足を踏み入れました。王の真向かいには 2 つの扉がありました。 それらは隣り合って並んでいて、まったくよく似ていました。裁判にかけられ た人は、これらの扉まで直接歩いて行き、それらのうちの一方を開けなければ なりませんでした。どちらでも自分が好きなほうの扉を開けることができまし た。

4　被告人が一方の扉を開けると、その土地で最も獰猛な空腹の虎が出てきました。 トラはたちまち彼に飛びつき、彼の罪の罰として彼をバラバラに引き裂きまし た。容疑者の事件はこうして判決を下されました。

5　鉄の鐘が悲しげに鳴りました。大きな叫び声が支払いを受けた会葬者から上が りました。そして人々は、頭を低く垂れ、悲しげな心で、ゆっくりと家路につ きました。彼らは、とても若くて美しい人、またはとても年をとって尊敬され ていた人がこのように亡くなることになったことを大いに嘆きました。

6 しかし、被告人がもう一方のドアを開けると、その人のために特別に選ばれた女性が出てきました。彼は無罪を祝し、この女性とすぐに結婚しました。彼にはすでに妻と家族がいるかもしれないし、別の女性と結婚することを選んでいたかもしれないことは問題ではありませんでした。王は、どんなものにも彼の偉大な賞罰の方法を妨げることを許しませんでした。

7 王がいる場所の下にある別のドアが開き、聖職者、歌手、ダンサー、音楽家たちがその男と女のところに加わりました。結婚式はあっという間に終わりました。それから鐘が陽気な音をひびかせました。人々はうれしそうに叫びました。そして無罪の男は、道に花を投げる子供たちの後につづいて、新しい妻を家に連れて行きました。

8 これが正義を実行する王の方法でした。その公平性は完全なものに見えました。被告人は、どちらの扉の後ろに女性がいるかを知ることはできませんでした。彼は、次の瞬間に殺されることになるのか、または結婚することになるのかを知らずに、好きなようにどちらかを開きました。

9 一方の扉から獰猛な動物が出てくることもあれば、もう一方から出てくることもありました。

10 この方法は人気のある方法でした。人々が偉大なる裁きの日に集まったとき、彼らは血なまぐさい殺戮を見るのか、それとも幸せな結末を見るのか、決して知りませんでした。だから誰もが常に興味を持っていました。そして社会の思考は、この計画に反対して不公平であると非難することはありませんでした。被告人は自分の手の中に問題全体を持っていなかったでしょうか？

◆

11 王には、多くの点で彼に似た美しい娘がいました。彼は何よりも彼女を愛して

いました。王女は、その国で最も美しく勇敢な青年をひそかに愛していました。しかし彼は平民であり、地位の高い家系の一員ではありませんでした。

12 ある日、王は娘と青年の関係を知りました。男はただちに牢屋に入れられました。王の公開闘技場での彼の裁判の日が設定されました。もちろん、これは特に重要なイベントでした。平民の臣下が王の娘を愛するほど勇敢だったことはかつてありませんでした。

13 王は、その青年がたとえ正しい扉を開けたとしても罰せられることを知っていました（王女とは別の女と結婚させられるのですから）。そして王は一連の出来事を見て喜び、それでその男が王女を愛することで間違ったことをしたかどうかを判断するでしょう。

◆

14 裁きの日がやってきました。遠方からも近隣からも、人々が闘技場とその壁の外に集まりました。王と相談役たちは、2 つの扉の反対側にいました。すべての準備が整いました。合図が出されました。王のいる場所の下にある扉が開き、王女の恋人が闘技場に入りました。

15 背が高く、美しく、端正な彼の姿は、承認と緊張の音で迎えられました。人々の半分は、こんなにも完璧な若者が自分たちの中にいることを知りませんでした。王女が彼を愛していたのも不思議ではありません！彼がそこにいるとはなんとおそろしいことでしょう！

16 青年は、公開の闘技場に入ると王のほうを向いて体を屈しました。しかし彼はまったく偉大な支配者のことを考えてはいませんでした。青年の目はかわりに、父親の右側に座っている王女に向けられました。

17 闘技場で恋人の判決が決定されると決められた日から、彼女はこの出来事のこと以外は何も考えませんでした。

18 王女は、これまでそのような事例に関心を持っていた誰よりも大きな力、影響力、そして人格的な強さを持っていました。彼女は他の誰もしなかったことをしました。彼女は扉の秘密を知っていました。彼女はどちらの扉の後ろにトラが立っていて、どちらのドアの後ろに女性が待っているかを知っていました。金と女性の意志の力が、王女に秘密をもたらしたのです。

19 彼女はまた、その女性が誰であるかを知っていました。その女性は王国で最も美しい女性の一人でした。時々王女は、彼女が青年に視線を向けたり、話しかけたりしているところを目にしたことがありました。

20 王女はその静かな扉の後ろにいる女性を憎みました。王女は、永きにわたり残酷な先祖を通して受け継がれている血で激しく彼女を憎みました。

21 恋人は王女のほうを向きました。彼の目が彼女の目と合いました。王女は周りの非常にたくさんの緊張した顔のうち誰よりも青ざめた白い顔で座っていました。どちらの扉の後ろにトラが待っていて、どちらの扉の後ろに女性が立っているかを彼女が知っていることに青年は気づきました。彼は、彼女がそれを知っていることを予想していました。

22 青年にとっての唯一の希望は、この謎の発見に王女が成功することにもとづいていました。彼が彼女を見たとき、彼は彼女が成功していたことがわかりました。彼女は成功するだろうと彼が知っていた通りでした。

23 それから彼の素早い緊張した眼差しは、「どちらだ？」と質問をしました。それはまるで彼が立っているところから叫んだかのように彼女には明らかでした。迷っている時間はありませんでした。

24　王女は手を挙げて、右のほうへ短く素早い動きをしました。彼女の恋人以外は誰もそれを見ませんでした。彼の目を除きすべての目が、闘技場の中にいる男に向けられていました。

25　彼は向きを変え、しっかりとした素早い足取りで何もない空間を横切りました。すべての心臓の鼓動が止まりました。すべての息が止まりました。すべての目がその男に向けられました。彼は右側の扉に行き、それを開けました。

◆

26　さて、この話の要点はこうです：トラがその扉から出てきたのでしょうか、それとも女性が出てきたでしょうか？

27　この質問について考えれば考えるほど、答えるのが難しくなります。それは人間の心の研究を含みます。質問の決定があなた自身にかかっているようにではなく、悲しみと嫉妬の火の下で魂が白い熱にさらされているあの熱血姫にかかっているように考えてみてください。彼女は彼を失いましたが、誰が彼を得るべきでしょうか？

28　目が覚めているときや夢の中で、どれほどの頻度で彼女は激しい恐怖に襲われ、手で顔をおおったことでしょうか？彼女は、恋人が扉を開け、その反対側にトラの鋭い歯が待っていることを考えました！

29　しかし彼がもう一方の扉を開ける様子を彼女が想像したのは、さらにどれくらい多かったことでしょうか？彼が女性の扉を開けたときの彼の幸せそうな顔を想像したとき、彼女はどのように歯を食いしばり、髪をかきむしったことでしょう！彼がその女性に会うために走り、女性が勝利の表情を浮かべているのを想像したとき、彼女の魂はどれほど痛みに燃えたことでしょうか。二人が結婚するのを想像したとき。そして彼らが花の小道を一緒に歩いて去っていき、群衆

の幸せな叫び声がそれに続き、その中で自分ひとりの悲しい叫び声がかき消されるのを想像したとき！

30 早く死んで、未来のあの神聖な場所に行って彼女を待つほうが彼にとっていいのではないだろうか？そうだとしても、あのトラ、あの叫び、あの血！

31 彼女の決断はすぐに示されました。しかしそれは日夜熟考の末になされたものでした。彼女は尋ねられるだろうことを知っていました。そして彼女は何と答えるか決めていました。そして彼女は右に手を動かしました。

32 彼女の決定の問題は、軽く考えられない問題です。そして私が自分自身をそれに答えられる一人だと考えるのは違います。だから私はあなたがた全員にそれをゆだねます：

33 どちらが開いた扉から出てきたのでしょうか — 女性か、それとも虎か？

　この作品のように示された謎に明確な答えを与えないまま終了する物語はリドル・ストーリー（riddle story）と呼ばれます。riddle は「なぞかけ」の意味です。謎の解決は読者にゆだねられます。

　筋書を追うだけでも十分に楽しめますが次のようなテーマを読み取ることもできます。

決定論 × **自由意志**	▶王は抗えない選択を青年に課す（決定論） ▶青年と王女は互いの愛を追求できない（自由意志） 　皮肉にも王女は青年の運命の決定には自由意志を行使できる
未開 × **文明**	▶王の利己的な性格と残酷な見世物を楽しむ野蛮さ（未開） ▶偶然による公正で汚職のない正義の執行と秩序の維持（文明）
信頼 × **裏切り**	▶王女は青年を深く愛し、青年は王女を心から信頼している ▶王女は、青年が別の女と結婚すれば嫉妬に苦しみ、青年が虎に食べられればその死に苦しむことになる
渇望 × **愛**	▶ *If you love something, set it free.*（愛するならそれを自由にしてあげなさい） ▶青年が別の女を愛することもまた自由であるが、王女にとっては割り切れる問題ではなく、大きな苦しみである （皮肉にも青年は王女の決定に絶対の信頼を置いている）

　この物語は人々の好奇心を刺激し、さまざまな解答やパロディ作品が作られました。人々の熱意に応えて作者自身が書いた公式の続編もあります。この本の Level 6 に収録されている *The Discourager of Hesitancy* です。この Level 4 で掲載した英文は簡約版でしたが Level 6 の英文は原文です。原文で読む楽しさも同時に味わっていただければと思います。

レベル 4 の
おすすめ洋書

英検２級〜　　TOEIC 500 〜　　高校標準〜

※表紙のデザインは版によって異なります

原書
Charlie and the Chocolate Factory
Roald Dahl

『チョコレート工場の秘密』

映画化もされています。
（音声別売）

Pearson English Readers Level 4
Macbeth
William Shakespeare

『マクベス』

シェイクスピア悲劇の簡約版。脚本形式。（音声同梱版あり）

原書
Charlie and the Great Glass Elevator
Roald Dahl

『ガラスの大エレベーター』

チョコレート工場の続編です。
（音声別売）

Pearson English Readers Level 4
The Merchant of Venice
William Shakespeare

『ヴェニスの商人』

シェイクスピア喜劇の簡約版。脚本形式。（音声同梱版）

原書
Danny the Champion of the World
Roald Dahl

『ダニーは世界チャンピオン』

少年と父親の秘密の冒険。
（音声別売）

Pearson English Readers Level 4
Doctor Faustus
Christopher Marlowe

『ファウスト』

ファウスト博士伝説をもとにした戯曲。悪魔と契約を交わす。
（音声同梱版あり）

原書
James and the Giant Peach
Roald Dahl
『おばけ桃が行く』
（音声別売）

Pearson English Readers Level 4
The Canterville Ghost and Other Stories
Oscar Wilde
『カンタヴィルの幽霊』他２編
（音声同梱版あり）

原書（ルビ訳つき）
講談社ルビー・ブックス
Finn Family Moomintroll
Tove Jansson
『たのしいムーミン一家』
（音声別売）

Pearson English Readers Level 4
The Diary of a Young Girl
Anne Frank
『アンネの日記』
（音声同梱版あり）

原書
Jonathan Livingston Seagull a story
Richard Bach
『かもめのジョナサン』
（音声別売）

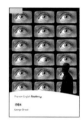

Pearson English Readers Level 4
1984
George Orwell
『1984』
（音声同梱版あり）

Classic Starts
The Secret Garden
Frances Hodgson Burnett
『秘密の花園』
（音声同梱版あり）

Pearson English Readers Level 4
Gone with the Wind Part One
Margaret Mitchell
『風と共に去りぬ』
（音声同梱版あり）

原書
Who Moved My Cheese?
Dr. Spencer Johnson
『チーズはどこへ消えた？』
（音声別売）

Oxford Bookworms Stage 4
A Tale of Two Cities
Charles Dickens
『二都物語』
（音声同梱版あり）

4

映画

映画でも工夫すれば英語の学習効果が得られます。ポイントは**音声／字幕設定**と**難易度**です。

英語音声 & 英語字幕

設定は**音声も字幕も英語**にします。こうすることで英語字幕を見ながらセリフを確認することができます。

アニメ映画
本書レベル４に相当

ファミリー向け実写映画
本書レベル５に相当

大人向け実写映画
本書レベル６に相当

映画の**対象年齢**が上がるほど物語も英語表現も難しくなります。**アニメ映画**はこの本のレベル４、**ファミリー向け実写映画**はレベル５、**大人向け実写映画**はレベル６以上がめやすです。

Level

5

Oscar Wilde

1854-1900

アイルランド出身の詩人、作家、劇作家。

耽美的・退廃的・懐疑的だった 19 世紀末文学の代表的作家。

芸術のための芸術、芸術至上主義を提唱した。

代表作『幸福の王子』『サロメ』『ドリアン・グレイの肖像』

The Happy Prince

3,475 words

▶ 音声 _ 005

HIGH above the city, on a tall column, stood the statue of the Happy Prince. He was gilded all over with thin leaves of fine gold, for eyes he had two bright sapphires, and a large red ruby glowed on his sword-hilt.

above 〜 〜の上に
column 円柱，柱
statue 像
gild 金をかぶせる
thin 薄い
leaf (金などの) 箔；葉
glow 輝く
hilt 柄 (つか)

5

The Happy Prince   **155**

2 He was very much admired indeed. "He is as beautiful as a weathercock," remarked one of the Town Councillors who wished to gain a reputation for having artistic tastes; "only not quite so useful," he added, fearing lest people should think him unpractical, which he really was not.

3 "Why can't you be like the Happy Prince?" asked a sensible mother of her little boy who was crying for the moon. "The Happy Prince never dreams of crying for anything."

4 "I am glad there is some one in the world who is quite happy," muttered a disappointed man as he gazed at the wonderful statue.

5 "He looks just like an angel," said the Charity Children as they came out of the cathedral in their bright scarlet cloaks and their clean white pinafores.

6 "How do you know?" said the Mathematical Master, "you have never seen one."

7 "Ah! but we have, in our dreams," answered the children; and the Mathematical Master frowned and looked very severe, for he did not approve of children dreaming.

admire
敬愛 [感嘆] する
indeed 実際に, 実に
weathercock
風見（の鳥）
remark 言う
councillor 議員
gain 得る
reputation 評判
quite
かなり, まったく
lest
～しはすまいかと
unpractical
実用的でない

sensible 分別のある

mutter つぶやく
disappointed
失望した
gaze 見つめる

Charity Children
慈善学校の児童たち
cathedral 大聖堂

scarlet 緋（ひ）色の,
深紅の
cloak 外套（がいと
う), マント
pinafore 前掛け

frown
しかめつらをする
severe 厳しい
for ～ というのも～
だからだ
approve よく思う,
認める

One night there flew over the city a little Swallow. His friends had gone away to Egypt six weeks before, but he had stayed behind, for he was in love with the most beautiful Reed. He had met her early in the spring as he was flying down the river after a big yellow moth, and had been so attracted by her slender waist that he had stopped to talk to her.

"Shall I love you?" said the Swallow, who liked to come to the point at once, and the Reed made him a low bow. So he flew round and round her, touching the water with his wings, and making silver ripples. This was his courtship, and it lasted all through the summer.

"It is a ridiculous attachment," twittered the other Swallows; "she has no money, and far too many relations"; and indeed the river was quite full of Reeds. Then, when the autumn came they all flew away.

After they had gone he felt lonely, and began to tire of his lady-love. "She has no conversation," he said, "and I am afraid that she is a coquette, for she is always flirting with the wind." And certainly, whenever the wind blew, the Reed made the most graceful curtseys. "I admit that she is domestic," he continued, "but I love travelling, and my wife,

swallow ツバメ

reed アシ（葦）

moth ガ（蛾）
attract 引きつける

at once
ただちに，すぐに
low 低い
bow おじぎ（をする）
ripple さざ波

courtship 求愛行動
last 続く

ridiculous ばかげた
attachment
愛情，愛着
twitter さえずる
relation 親戚；関係
indeed
実際に，実に
tire of ～にあきる
lady-love
最愛の女性，恋人
conversation 会話
coquette 男たらし
for ～ というのも～
だからだ
flirt 浮気する，いちゃ
つく
certainly 確かに，
きっと
graceful 優美な，し
とやかな
curtsey ひざを曲げ
るおじぎ
admit
（しぶしぶ）認める
domestic
国内の，ひきこもり
がちな

5

consequently, should love travelling also."

consequently
したがって

12 "Will you come away with me?" he said finally to her; but the Reed shook her head, she was so attached to her home.

be attached to 〜
〜に結びついてい
る，愛着がある

13 "You have been trifling with me," he cried. "I am off to the Pyramids. Good-bye!" and he flew away.

trifle もてあそぶ

14 All day long he flew, and at night-time he arrived at the city. "Where shall I put up?" he said; "I hope the town has made preparations."

put up 泊まる

preparation
用意，支度

15 Then he saw the statue on the tall column.

statue 像
column 円柱，柱

16 "I will put up there," he cried; "it is a fine position, with plenty of fresh air." So he alighted just between the feet of the Happy Prince.

plenty of 〜
たくさんの〜
alight 降りて止まる

17 "I have a golden bedroom," he said softly to himself as he looked round, and he prepared to go to sleep; but just as he was putting his head under his wing a large drop of water fell on him. "What a curious thing!" he cried; "there is not a single cloud in the sky, the stars are quite clear and bright, and yet it is raining. The climate in the north of Europe is really dreadful. The Reed used to like the rain, but that was

prepare
用意［準備］する

curious 奇妙な；好
奇心の強い

quite
かなり，まったく
climate 気候

dreadful おそろしい
used to 〜
かつて〜した

merely her selfishness."

Then another drop fell.

"What is the use of a statue if it cannot keep the rain off?" he said; "I must look for a good chimney-pot," and he determined to fly away.

But before he had opened his wings, a third drop fell, and he looked up, and saw — Ah! what did he see?

The eyes of the Happy Prince were filled with tears, and tears were running down his golden cheeks. His face was so beautiful in the moonlight that the little Swallow was filled with pity.

"Who are you?" he said.

"I am the Happy Prince."

"Why are you weeping then?" asked the Swallow; "you have quite drenched me."

"When I was alive and had a human heart," answered the statue, "I did not know what tears were, for I lived in the Palace of Sans-Souci, where sorrow is

merely 単に
selfishness
自分勝手さ

use 使いみち，使用

chimney-pot（煙突
頭部の）通風管
determine 決める

tear 涙

cheek ほお

pity 哀れみ，同情

5

weep しくしく泣く，
嘆く
drench びしょぬれに
する

for ～ というのも～
だからだ
Palace of Sans-
Souci 無憂宮
sorrow 悲しみ

not allowed to enter. In the daytime I played with my companions in the garden, and in the evening I led the dance in the Great Hall. Round the garden ran a very lofty wall, but I never cared to ask what lay beyond it, everything about me was so beautiful. My courtiers called me the Happy Prince, and happy indeed I was, if pleasure be happiness. So I lived, and so I died. And now that I am dead they have set me up here so high that I can see all the ugliness and all the misery of my city, and though my heart is made of lead yet I cannot chose but weep."

26 "What! is he not solid gold?" said the Swallow to himself. He was too polite to make any personal remarks out loud.

27 "Far away," continued the statue in a low musical voice, "far away in a little street there is a poor house. One of the windows is open, and through it I can see a woman seated at a table. Her face is thin and worn, and she has coarse, red hands, all pricked by the needle, for she is a seamstress. She is embroidering passion-flowers on a satin gown for the loveliest of the Queen's maids-of-honour to wear at the next Court-ball. In a bed in the corner of the room her little boy is lying ill. He has a fever, and is asking for oranges. His mother has nothing to give him but

---

allow 許す

companion 仲間

led lead（先導する）の過去形
lofty 非常に高い

beyond ～ ～の向こうに
courtier 廷臣

pleasure 喜び

now that ～ 今や～なので
ugliness 醜いこと

misery みじめさ

lead 鉛（なまり）
cannot choose but 原形 ～せずにいられない
weep しくしく泣く，嘆く
solid gold 中まで金（の）
polite 礼儀正しい
personal 個人的な
remark 意見；言う

musical voice 心地よい声
thin やせた，薄い
worn 疲れ切った
coarse ごわごわした
prick ちくりと刺す
for ～ というのも～だからだ
seamstress お針子
embroider 刺繍する
passion-flower トケイソウ
satin 繻子（しゅす），サテン
lovely 美しい
maid of honour （女王に仕える未婚の）女官
court-ball 宮廷舞踏会
fever （病気の）熱
ask for ～ ～を求める

river water, so he is crying. Swallow, Swallow, little Swallow, will you not bring her the ruby out of my sword-hilt? My feet are fastened to this pedestal and I cannot move."

hilt 柄（つか）
fasten
　固定する，留める
pedestal 台座，柱脚

"I am waited for in Egypt," said the Swallow. "My friends are flying up and down the Nile, and talking to the large lotus-flowers. Soon they will go to sleep in the tomb of the great King. The King is there himself in his painted coffin. He is wrapped in yellow linen, and embalmed with spices. Round his neck is a chain of pale green jade, and his hands are like withered leaves."

lotus-flower
　ハスの花
tomb 墓

coffin 棺（ひつぎ）
wrap 包む
embalm
　防腐処置を施す
pale 青白い
jade 翡翠（ひすい）
withered しおれた

"Swallow, Swallow, little Swallow," said the Prince, "will you not stay with me for one night, and be my messenger? The boy is so thirsty, and the mother so sad."

"I don't think I like boys," answered the Swallow. "Last summer, when I was staying on the river, there were two rude boys, the miller's sons, who were always throwing stones at me. They never hit me, of course; we swallows fly far too well for that, and besides, I come of a family famous for its agility; but still, it was a mark of disrespect."

rude 失礼な，無礼な
miller 粉屋

besides 加えて
agility 軽快さ，機敏
still それでも；まだ
disrespect
　無礼，失礼

31 But the Happy Prince looked so sad that the little Swallow was sorry. "It is very cold here," he said; "but I will stay with you for one night, and be your messenger."

32 "Thank you, little Swallow," said the Prince.

33 So the Swallow picked out the great ruby from the Prince's sword, and flew away with it in his beak over the roofs of the town.

beak くちばし

34 He passed by the cathedral tower, where the white marble angels were sculptured. He passed by the palace and heard the sound of dancing. A beautiful girl came out on the balcony with her lover. "How wonderful the stars are," he said to her, "and how wonderful is the power of love!"

cathedral 大聖堂

marble 大理石 (の)
sculptured
彫刻された
palace 宮殿

35 "I hope my dress will be ready in time for the State-ball," she answered; "I have ordered passion-flowers to be embroidered on it; but the seamstresses are so lazy."

State-ball
王宮舞踏会

embroider 刺繍する
seamstress お針子
lazy 怠惰な

36 He passed over the river, and saw the lanterns hanging to the masts of the ships. He passed over the Ghetto, and saw the old Jews bargaining with each other, and weighing out money in copper

Ghetto ユダヤ人街
Jew ユダヤ人
bargain 商談する
weigh 重さをはかる
copper 銅

scales. At last he came to the poor house and looked in. The boy was tossing feverishly on his bed, and the mother had fallen asleep, she was so tired. In he hopped, and laid the great ruby on the table beside the woman's thimble. Then he flew gently round the bed, fanning the boy's forehead with his wings. "How cool I feel," said the boy, "I must be getting better"; and he sank into a delicious slumber.

Then the Swallow flew back to the Happy Prince, and told him what he had done. "It is curious," he remarked, "but I feel quite warm now, although it is so cold."

"That is because you have done a good action," said the Prince. And the little Swallow began to think, and then he fell asleep. Thinking always made him sleepy.

When day broke he flew down to the river and had a bath. "What a remarkable phenomenon," said the Professor of Ornithology as he was passing over the bridge. "A swallow in winter!" And he wrote a long letter about it to the local newspaper. Every one quoted it, it was full of so many words that they could not understand.

scale はかり，てんびん
toss 寝返りをうつ
feverishly
　熱があって
hop ぴょんと跳ぶ
beside 〜 〜のそばに
thimble
　（裁縫用の）指ぬき
gently やさしく，ゆ
　るやかに
fan 風を送る，あおぐ
forehead 額(ひたい)

sank sink （沈む）
　の過去形
slumber
　まどろみ［む］

curious 奇妙な；好
　奇心が強い
remark 言う
quite
　かなり，まったく

5

remarkable 異常な
phenomenon 現象
Ornithology 鳥類学

quote 引用する

40 "To-night I go to Egypt," said the Swallow, and he was in high spirits at the prospect. He visited all the public monuments, and sat a long time on top of the church steeple. Wherever he went the Sparrows chirruped, and said to each other, "What a distinguished stranger!" so he enjoyed himself very much.

41 When the moon rose he flew back to the Happy Prince. "Have you any commissions for Egypt?" he cried; "I am just starting."

42 "Swallow, Swallow, little Swallow," said the Prince, "will you not stay with me one night longer?"

43 "I am waited for in Egypt," answered the Swallow. "To-morrow my friends will fly up to the Second Cataract. The river-horse couches there among the bulrushes, and on a great granite throne sits the God Memnon. All night long he watches the stars, and when the morning star shines he utters one cry of joy, and then he is silent. At noon the yellow lions come down to the water's edge to drink. They have eyes like green beryls, and their roar is louder than the roar of the cataract."

44 "Swallow, Swallow, little Swallow," said the Prince,

in high spirits
上機嫌で
prospect 見通し
monument 記念碑
steeple(教会などの)
尖塔
sparrow スズメ
chirrup
チッチッと鳴く
distinguished
気品のある

commission
任務，委託

the Second
Cataract 第二大滝
（ナイル川の六つの
大滝のひとつ）
river-horse カバ
couch
横になる；寝いす
bulrush フトイ[植物]
granite
花崗（かこう）岩
throne 玉座
the God Memnon
メムノン神［ギリ
シャ神話]
the morning star
明けの明星
utter 発する
edge ほとり，ふち
beryl 緑柱石［宝石]
roar ほえ声，咆哮

"far away across the city I see a young man in a garret. He is leaning over a desk covered with papers, and in a tumbler by his side there is a bunch of withered violets. His hair is brown and crisp, and his lips are red as a pomegranate, and he has large and dreamy eyes. He is trying to finish a play for the Director of the Theatre, but he is too cold to write any more. There is no fire in the grate, and hunger has made him faint."

45 "I will wait with you one night longer," said the Swallow, who really had a good heart. "Shall I take him another ruby?"

46 "Alas! I have no ruby now," said the Prince; "my eyes are all that I have left. They are made of rare sapphires, which were brought out of India a thousand years ago. Pluck out one of them and take it to him. He will sell it to the jeweller, and buy food and firewood, and finish his play."

47 "Dear Prince," said the Swallow, "I cannot do that"; and he began to weep.

48 "Swallow, Swallow, little Swallow," said the Prince, "do as I command you."

garret 屋根裏（部屋）	
lean もたれる	
tumbler タンブラー（取っ手のない大き目のガラスコップ）	
bunch 束（たば）	
withered しおれた	
violet スミレ	
crisp （髪が）細かくカールした	
pomegranate ザクロ	
dreamy 夢を見ているような	
play 演劇，脚本	
grate 火床，暖炉	
hunger 飢え，空腹	
faint ふらふらして；失神する	
alas ［古］ああ	
rare 稀少な，珍しい	
pluck 引き抜く	
jeweller 宝石商	
firewood 薪（まき）	
dear 親愛な，いとしい	
weep しくしく泣く，嘆く	
command 命ずる	

5

So the Swallow plucked out the Prince's eye, and flew away to the student's garret. It was easy enough to get in, as there was a hole in the roof. Through this he darted, and came into the room. The young man had his head buried in his hands, so he did not hear the flutter of the bird's wings, and when he looked up he found the beautiful sapphire lying on the withered violets.

"I am beginning to be appreciated," he cried; "this is from some great admirer. Now I can finish my play," and he looked quite happy.

The next day the Swallow flew down to the harbour. He sat on the mast of a large vessel and watched the sailors hauling big chests out of the hold with ropes. "Heave a-hoy!" they shouted as each chest came up. "I am going to Egypt!" cried the Swallow, but nobody minded, and when the moon rose he flew back to the Happy Prince.

"I am come to bid you good-bye," he cried.

"Swallow, Swallow, little Swallow," said the Prince, "will you not stay with me one night longer?"

"It is winter," answered the Swallow, "and the chill

pluck 引き抜く

garret 屋根裏（部屋）

dart 矢のように飛んでいく
bury うずめる，埋める
flutter 羽ばたき（する）

withered しおれた
violet スミレ

appreciate 価値を認める
admirer 賞賛者，愛好家
play 演劇，脚本
quite かなり，まったく

harbour 港

mast 帆柱，マスト
vessel （大型の）船
sailor 船員，船乗り
haul ぐいと引っ張る
chest 運搬用の箱
hold 船倉
heave a-hoy よいこらせ

bid 述べる，言う

chill 冷たい

snow will soon be here. In Egypt the sun is warm on the green palm-trees, and the crocodiles lie in the mud and look lazily about them. My companions are building a nest in the Temple of Baalbec, and the pink and white doves are watching them, and cooing to each other. Dear Prince, I must leave you, but I will never forget you, and next spring I will bring you back two beautiful jewels in place of those you have given away. The ruby shall be redder than a red rose, and the sapphire shall be as blue as the great sea."

"In the square below," said the Happy Prince, "there stands a little match-girl. She has let her matches fall in the gutter, and they are all spoiled. Her father will beat her if she does not bring home some money, and she is crying. She has no shoes or stockings, and her little head is bare. Pluck out my other eye, and give it to her, and her father will not beat her."

"I will stay with you one night longer," said the Swallow, "but I cannot pluck out your eye. You would be quite blind then."

"Swallow, Swallow, little Swallow," said the Prince, "do as I command you."

palm-tree ヤシの木
lazily ゆったりと，
　怠けて
companion 仲間
the Temple of
　Baalbec バールベッ
　ク神殿（レベノン東
　部にある古代遺跡）
dove ハト
coo クークー鳴く

in place of ～
　～のかわりに
give away
　譲る，寄付する

square 四角い広場
below 下の［に］

gutter みぞ，水路
spoil だめにする；甘
　やかす
beat たたく，ぶつ

bare むきだしの
pluck 引き抜く

quite
　かなり，まったく
blind 目の見えない

command 命ずる

5

58　So he plucked out the Prince's other eye, and darted down with it. He swooped past the match-girl, and slipped the jewel into the palm of her hand. "What a lovely bit of glass," cried the little girl; and she ran home, laughing.

59　Then the Swallow came back to the Prince. "You are blind now," he said, "so I will stay with you always."

60　"No, little Swallow," said the poor Prince, "you must go away to Egypt."

61　"I will stay with you always," said the Swallow, and he slept at the Prince's feet.

62　All the next day he sat on the Prince's shoulder, and told him stories of what he had seen in strange lands. He told him of the red ibises, who stand in long rows on the banks of the Nile, and catch gold-fish in their beaks; of the Sphinx, who is as old as the world itself, and lives in the desert, and knows everything; of the merchants, who walk slowly by the side of their camels, and carry amber beads in their hands; of the King of the Mountains of the Moon, who is as black as ebony, and worships a large crystal; of the great green snake that sleeps in a palm-tree, and has twenty priests to feed it with honey-cakes; and

dart 矢のように飛んでいく
swoop 舞い降りる

palm 手のひら

lovely 美しい
bit 破片．少し

ibis 朱鷺（トキ）

row 列
bank 川岸，土手
beak くちばし

merchant 商人

camel ラクダ
amber 琥珀（色の）
bead 数珠玉，ビーズ

ebony 黒檀（コクタン）〔植物〕
worship 崇拝（する）
palm-tree ヤシの木
feed えさを与える

of the pygmies who sail over a big lake on large flat leaves, and are always at war with the butterflies.

"Dear little Swallow," said the Prince, "you tell me of marvellous things, but more marvellous than anything is the suffering of men and of women. There is no Mystery so great as Misery. Fly over my city, little Swallow, and tell me what you see there."

So the Swallow flew over the great city, and saw the rich making merry in their beautiful houses, while the beggars were sitting at the gates. He flew into dark lanes, and saw the white faces of starving children looking out listlessly at the black streets. Under the archway of a bridge two little boys were lying in one another's arms to try and keep themselves warm. "How hungry we are!" they said. "You must not lie here," shouted the Watchman, and they wandered out into the rain.

Then he flew back and told the Prince what he had seen.

"I am covered with fine gold," said the Prince, "you must take it off, leaf by leaf, and give it to my poor; the living always think that gold can make them happy."

pygmy ピグミー族
（中央アフリカの背
の低い黒人）
sail 航行する
flat 平らな

marvellous
不思議な
suffering
苦しむこと
misery みじめさ

make merry
はしゃぐ
beggar
乞食（こじき）
lane 細道, 路地
starving 餓死しかけ
ている
listlessly 元気がなく
archway アーチ道

watchman
夜警, 見張り
wander 歩き回る,
さまよう

leaf（金などの）箔；
葉
the living
生きている人々

Leaf after leaf of the fine gold the Swallow picked off, till the Happy Prince looked quite dull and grey. Leaf after leaf of the fine gold he brought to the poor, and the children's faces grew rosier, and they laughed and played games in the street. "We have bread now!" they cried.

dull
くすんだ，さえない

rosy バラ色の

Then the snow came, and after the snow came the frost. The streets looked as if they were made of silver, they were so bright and glistening; long icicles like crystal daggers hung down from the eaves of the houses, everybody went about in furs, and the little boys wore scarlet caps and skated on the ice.

frost 霜（しも）
as if ～
　まるで～のように
glisten ぴかぴか光る
icicle つらら
eaves （家の）軒，
　ひさし

scarlet 緋（ひ）色の，
　深紅の

The poor little Swallow grew colder and colder, but he would not leave the Prince, he loved him too well. He picked up crumbs outside the baker's door when the baker was not looking and tried to keep himself warm by flapping his wings.

crumb パンくず

flap パタパタ動かす

But at last he knew that he was going to die. He had just strength to fly up to the Prince's shoulder once more. "Good-bye, dear Prince!" he murmured, "will you let me kiss your hand?"

murmur
　つぶやく，ささやく

"I am glad that you are going to Egypt at last, little Swallow," said the Prince, "you have stayed too long here; but you must kiss me on the lips, for I love you."

"It is not to Egypt that I am going," said the Swallow. "I am going to the House of Death. Death is the brother of Sleep, is he not?"

And he kissed the Happy Prince on the lips, and fell down dead at his feet.

At that moment a curious crack sounded inside the statue, as if something had broken. The fact is that the leaden heart had snapped right in two. It certainly was a dreadfully hard frost.

moment 瞬間
curious 奇妙な；好
　奇心の強い
crack ひびわれ(の音)
as if ～
　まるで～のように
fact 事実，実際
leaden
　鉛（なまり）の
snap ポキンと折れる
certainly
　確かに，疑いなく
dreadfully ひどく
frost 霜（しも）
mayor
　市長，町［村］長
square 四角い広場
below 下の［に］
in company with ～
　～と一緒に
councillor 議員
column 円柱，柱
dear me おやまあ
shabby
　みすぼらしい
indeed
　実際に，実に

5

Early the next morning the Mayor was walking in the square below in company with the Town Councillors. As they passed the column he looked up at the statue: "Dear me! how shabby the Happy Prince looks!" he said.

"How shabby indeed!" cried the Town Councillors, who always agreed with the Mayor; and they went up to look at it.

"The ruby has fallen out of his sword, his eyes are gone, and he is golden no longer," said the Mayor in

no longer
　もはや～ない

fact, "he is little better than a beggar!"

in fact 実際に（は）

78 "Little better than a beggar," said the Town Councillors.

beggar
乞食（こじき）

79 "And here is actually a dead bird at his feet!" continued the Mayor. "We must really issue a proclamation that birds are not to be allowed to die here." And the Town Clerk made a note of the suggestion.

actually 実際に（は）

issue
発する，発行する
proclamation
宣言，告示
allow 許す
clerk 書記官
suggestion 提案

80 So they pulled down the statue of the Happy Prince. "As he is no longer beautiful he is no longer useful," said the Art Professor at the University.

no longer
もはや〜ない

81 Then they melted the statue in a furnace, and the Mayor held a meeting of the Corporation to decide what was to be done with the metal. "We must have another statue, of course," he said, "and it shall be a statue of myself."

melt 溶かす，溶ける
furnace 溶鉱炉
the Corporation
市自治体
metal 金属

statue 像

82 "Of myself," said each of the Town Councillors, and they quarrelled. When I last heard of them they were quarrelling still.

councillor 議員

quarrel 口論する，
言い争う

83 "What a strange thing!" said the overseer of the workmen at the foundry. "This broken lead heart will not melt in the furnace. We must throw it away."

overseer
［古］監督者
foundry 鋳造場
lead 鉛（なまり）
throw away 捨てる

So they threw it on a dust-heap where the dead Swallow was also lying.

"Bring me the two most precious things in the city," said God to one of His Angels; and the Angel brought Him the leaden heart and the dead bird.

"You have rightly chosen," said God, "for in my garden of Paradise this little bird shall sing for evermore, and in my city of gold the Happy Prince shall praise me."

dust-heap
ごみため，ごみの山

precious 貴重な，
貴（とうと）い

leaden
鉛（なまり）の

rightly 正しく
for ～ というのも～
だからだ
Paradise 天国
for evermore
永遠に
praise たたえる，
賛美する

5

幸福の王子

1 町の空高く、高い柱の上に、幸福の王子の像が立っていました。彼は全身に純金の金箔がはられ、目には二つの明るいサファイアがあり、剣の柄には大きな赤いルビーが輝いていました。

2 彼は実際にとても敬愛されていました。「彼は風見の鳥のように美しい」と市会議員の一人が言いました。その議員は芸術的な趣味を持っているという評判を得たいと思っていました。「ただあまり役には立たないが」と彼は付け加えました。人々が自分のことを非実用主義的だと思いはしまいかとおそれてのことです。実際のところは、彼は実用主義的な人でした。

3 「どうして幸福の王子のようになれないの？」分別のある母親が、月が欲しくて泣いている小さな男の子に尋ねました。「幸福の王子は、何かが欲しくて泣くなんて夢にも思わないよ」

4 「本当に幸福な人間がこの世にいるとはうれしいことだ」失望した男が、すばらしい像を見つめながらつぶやきました。

5 「まるで天使みたい」慈善学校の子供たちが、明るい緋色のマントときれいな白い前掛けをつけて大聖堂から出てくるときに言いました。

6 「どうしてわかるんだ？」数学の先生が言いました。「天使を見たことなんて一度もないだろう」

7 「あー！いや見たことあるよ、夢の中でね」と子供たちは答えました。数学の

先生は眉をひそめ、とても厳しい顔をしました。というのも、子供たちが夢を見るのをよく思わなかったからです。

8 ある夜、小さなツバメが町の上空を飛んでいました。彼の友達は六週間前にエジプトに行ってしまいましたが、彼は残っていました。というのも、彼はこの上なく美しい葦に恋をしていたからです。彼は春の初め、大きな黄色い蛾を追って川を下って飛んでいたときに彼女に出会い、すらりとした腰にとても引きつけられ、飛ぶのをやめて彼女に話しかけました。

9 「君を愛してもいい?」と単刀直入を好むツバメが言うと、葦は低いお辞儀をしました。だから彼は彼女の周りを飛び回り、翼で水に触れ、銀色のさざなみを作りました。これは彼の求愛であり、それは夏の間ずっと続きました。

10 「ばかげた愛情だ」ほかのツバメはさえずりました。「彼女にはお金がないし、親戚が多すぎる」実際、川は葦でいっぱいでした。それから、秋がくるとみんな飛び立っていきました。

11 彼らが去った後、彼は孤独を感じ、恋人にも飽きてきました。「彼女は会話がない」彼は言いました。「そして残念ながら彼女は男たらしだ。彼女はいつも風といちゃついているんだ」そして確かに、風が吹くたびに、葦はこの上なく優美なお辞儀をしました。「彼女が出不精なのは認める」彼は続けました。「でもぼくは旅が好きだ。したがってぼくの妻も、旅が好きであるべきだ」

12 「ぼくと一緒に来てくれる?」彼はついに彼女に言いました。しかし葦は首を横に振りました。彼女は自分の家を離れられませんでした。

13 「君はぼくをもてあそんでいるんだね」彼は叫びました。「ぼくはピラミッドに向かうよ。さようなら!」そして彼は飛び去りました。

5

14 一日中飛んで、彼は夜に町に到着しました。「どこに泊まろうか？」彼は言いました。「町が用意をしてくれているといいのだけれど」

15 それから高い柱の上に像が見えました。

16 「そこに泊まろう」彼は叫びました。「すばらしい場所だ。新鮮な空気もたくさんある」それで彼はちょうど幸福の王子の足の間に降りて止まりました。

17 「黄金の寝室ができた」彼はまわりを見回しながらそっとひとりごとを言い、寝る準備をしました。しかしちょうど翼の下に頭を置いたとき、一粒の大きな水のしずくが彼の上に落ちました。「なんと奇妙なことだ！」彼は叫びました。「空は雲ひとつなく、星はとても冴えて明るいのに、雨が降っている。北ヨーロッパの気候は本当におそろしい。葦は雨が好きだったが、それは単に彼女のわがままだった」

18 それからもう一滴落ちました。

19 「雨をしのげないなら像が何の役に立つというのか？」彼は言いました。「いい煙突を探さなくちゃ」彼は飛び去ることに決めました。

20 しかし彼が翼を開く前に、三滴目が落ち、見上げた先には ― ああ！彼は何を見たでしょう？

21 幸福の王子の目は涙でいっぱいで、涙が金のほほに流れていました。彼の顔は月明かりに照らされてとても美しかったので、小さなツバメは同情で心がいっぱいになりました。

22 「あなたは誰？」彼は言いました。

23 「私は幸福の王子」

24 「それならなぜ泣いているの？」ツバメは尋ねました。「あなたのせいでぼくは びしょびしょだ」

25 「私が生きていて人間の心を持っていたとき」像が答えました。「私は涙とは何 であるか知らなかった。というのも、私は無憂宮に住んでいて、そこに悲しみ が入ることは許されていなかったからだ。昼は庭で仲間たちと遊び、夜は大広 間で踊りを先導した。庭の周りには非常に高い壁が走っていたが、その向こう に何があるのか聞きたいとも思わなかった。身のまわりのすべてがとてもきれ いだった。廷臣たちは私を幸福の王子と呼び、実際に私は幸福だった、もし快 楽が幸福であるとするならば。そうして私は生き、そうして死んだ。そして今 や私は死んでいるので、彼らは私をこの高い場所に立てた。町の醜さと惨めさ のすべてが見える。私の心は鉛でできているが、泣かずにはいられないのだ」

26 「なに！中まで金じゃないの？」ツバメはひとりごとを言いました。彼はとて も礼儀正しかったので、個人的な意見をおおっぴらに言うことができませんで した。

27 「遠く離れたところ」像は低い心地よい声で続けました。「遠く離れた小さな通 りに一軒の貧しい家がある。その窓のひとつが開いていて、そこからテーブル に座っている女性が見える。彼女の顔はやせて疲れきっていて、ごわごわした 赤い手は針傷だらけだ。針子だからね。彼女は次の宮廷舞踏会で女王の女官の うちで最も美しいひとに着てもらうために、サテンのガウンにトケイソウの刺 繍をしている。部屋の隅のベッドには、彼女の幼い息子が病気で横たわってい る。彼は熱があり、オレンジを求めている。母親が川の水以外にあげられるも のがないので、彼は泣いている。ツバメさん、ツバメさん、小さなツバメさん、 私の剣の柄からルビーを取り出して彼女のところへ持っていってくれないか？ 足がこの台座に固定されていて、私は動くことができない」

28 「みんながエジプトでぼくを待っているんだ」ツバメは言いました。「みんなは
ナイル川を行ったり来たりしては、大きな蓮の花に話しかけている。まもなく
彼らは偉大な王様の墓に行って眠るだろう。王様自身も絵が彩色された棺の中
にいるんだ。王様は黄色いリネンに包まれ、没薬でミイラにされている。首に
は淡い緑色の翡翠の鎖がかかっていて、手はしおれた葉っぱみたいなんだ」

29 「ツバメさん、ツバメさん、小さなツバメさん」王子は言いました。「ひと晩私
といっしょにいて、私の使者になってもらえないだろうか？少年はとてものど
が渇いていて、母親がとても悲しんでいる」

30 「ぼくは男の子が好きじゃないんだ」ツバメは答えました。「去年の夏、ぼくが
川にいたとき、粉屋の息子の二人の失礼な男の子がいて、いつもぼくに石を投
げていた。もちろん、当たらなかったよ。ぼくたちツバメは飛ぶのがずっとう
まいし、それに、ぼくは速さで有名な家系の生まれなんだ。それでもやはり、
それは無礼さのしるしだった」

31 しかし幸福の王子がとても悲しそうに見えたので、小さなツバメは気の毒に思
いました。「ここはとても寒い」彼は言いました。「でもぼくはひと晩あなたと
いっしょにいて、あなたの使者になるよ」

32 「ありがとう、小さなツバメさん」王子は言いました。

33 そこでツバメは王子の剣から大きなルビーを取り出し、くちばしにくわえて町
の屋根の上を飛び去りました。

34 彼は、白い大理石の天使が彫刻されている大聖堂の塔のそばを通りました。彼
は宮殿を通り過ぎ、踊りの音を聞きました。美しい少女が恋人といっしょにバ
ルコニーに出てきました。「星がなんてすばらしいことか」彼は彼女に言いま
した。「そして愛の力がなんてすばらしいことか！」

35 「王宮舞踏会に間に合うように私のドレスの準備ができるといいのだけれど」彼女は答えました。「それにトケイソウの花を刺繍してもらうように注文したの。でも針子たちはとても怠け者なの」

36 ツバメは川を越え、船のマストにランタンがぶら下がっているのを見ました。彼はユダヤ人街を通り過ぎ、年老いたユダヤ人たちが互いに商談をし、銅の秤でお金を量っているのを見ました。とうとう彼は貧しい家に来て、中をのぞきました。少年は熱があってベッドで寝返りを打っていました。母親は眠っていました。とても疲れていたのです。ツバメは家の中にとびこみ、テーブルの上の針仕事用の指ぬきのそばに大きなルビーを置きました。それから彼はベッドのまわりをそっと飛び回り、翼で少年のひたいに風を送りました。「ああ涼しい」少年は言いました。「体がよくなっているにちがいない」そして彼は心地よいまどろみに沈みました。

37 それからツバメは幸福の王子のところへ飛んで戻り、彼がしたことを話しました。「変だな」ツバメは言いました。「外はとても寒いのに、今かなりあたたかい気持ちなんだ」

38 「それはあなたが良い行いをしたからだね」王子は言いました。小さなツバメは考え始め、それから眠りに落ちました。考えごとをすると、いつも彼は眠くなりました。

39 夜が明けると、ツバメは川に降りていって水浴びをしました。「なんて驚くべき現象だ」鳥類学の教授が橋を渡りながら言いました。「冬にツバメ！」そして彼は地元の新聞にそれについて長い手紙を書きました。誰もがそれを引用しましたが、それは理解できない多くの言葉であふれていました。

40 「今夜ぼくはエジプトに行くよ」ツバメはそう言い、先の見通しに上機嫌でした。彼はすべての公開の記念碑を訪れ、教会の尖塔の上に長い間とまってい

した。どこへ行ってもスズメたちがさえずり、「なんて気品のあるお客さまだ！」と互いに言い合っていました。だからツバメはとてもうれしくなりました。

41 月が昇ると、ツバメは幸福の王子のところに戻ってきました。「何かエジプトでしてほしいことはある？」ツバメは叫びました。「出発するね」

42 「ツバメさん、ツバメさん、小さなツバメさん」王子は言いました。「もうひと晩、私といっしょにいてくれないか？」

43 「みんながエジプトでぼくを待っている」ツバメは答えました。「明日、みんなは第二大滝に飛んでいく。そこでは河馬がフトイの間で寝そべり、巨大な花崗岩の玉座にメムノン神が座している。彼は一晩中星を眺め、明けの明星が輝くと喜びの叫びを一声発し、それから静かになる。昼になると、黄色いライオンたちが水辺に降りてきて水を飲む。彼らは緑柱石のような目をしていて、その咆哮は大滝の轟音よりも大きいんだ」

44 「ツバメさん、ツバメさん、小さなツバメさん」王子は言いました。「遠く町の向こう、屋根裏部屋に若い男が見える。彼は紙でいっぱいの机の上にもたれかかっていて、そばのタンブラーの中にはしおれたスミレの花束が入っている。彼の髪は茶色でちぢれていて、唇はザクロのように赤く、大きな夢みる目をしている。彼は劇場の支配人のために脚本を完成させようとしているが、寒すぎてもう書くことができない。暖炉に火はないし、空腹でふらふらだ」

45 「もうひと晩、あなたといっしょに待つよ」ツバメは言いました。ツバメは本当に良い心を持っていました。「彼に別のルビーを持っていこうか？」

46 「ああ！もうルビーはない」王子は言いました。「残っているのは目だけだ。それらは、千年前にインドから持ち出された希少なサファイアでできている。そのひとつを引き抜いて、彼に持っていっておくれ。彼はそれを宝石商に売り、

食べ物と薪を買い、脚本を完成させるだろう」

47 「王子さま」ツバメは言いました。「ぼくはそんなことできない」そして彼は泣き始めました。

48 「ツバメさん、ツバメさん、小さなツバメさん」王子は言いました。「私が言う通りにしておくれ」

49 それでツバメは王子の目を引き抜いて、学生のいる屋根裏部屋へと飛び去りました。中に入るのは十分簡単でした。屋根に穴が開いていたからです。これを通り抜けて、ツバメは部屋の中に入りました。若者は手の中に頭をうずめていたので、鳥の羽ばたきは聞こえず、見上げるとしおれたスミレの上に美しいサファイアが横たわっているのを見つけました。

50 「ぼくは認められ始めている」彼は叫びました。「これはだれか大きな愛好家からの贈り物だ。これで脚本を終えられる」そして彼はとても幸せそうでした。

51 翌日、ツバメは港に舞い降りました。彼は大型船のマストにとまり、船員たちがロープで船倉から大きな箱を引っ張っているのを見ました。「よいこらせ!」彼らは箱が上がるたびに叫びました。「ぼくはエジプトに行くんだ!」ツバメは叫びましたが、誰も気にしませんでした。月が昇ると、ツバメは幸福の王子のところへ飛んで戻りました。

52 「さよならを言いに来たよ」ツバメは叫びました。

53 「ツバメさん、ツバメさん、小さなツバメさん」王子は言いました。「もうひと晩、私といっしょにいてくれないか?」

54 「もう冬だ」ツバメは答えました。「そして冷たい雪がもうすぐここにやってく

る。エジプトでは、太陽が緑のヤシの木の上で暖かく、ワニが泥の中に横たわり、まわりをのんびり見回している。ぼくの仲間たちはバールベック神殿に巣を作っていて、ピンクと白のまだらの鳩たちがその様子を見て、お互いにクークー鳴き合っている。親愛なる王子さま、ぼくはあなたのもとを去らなくてはいけないけれど、あなたのことを決して忘れないよ。来年の春、あなたが譲り渡したもののかわりに、ふたつの美しい宝石を持ち帰るよ。ルビーは赤いバラよりも赤く、サファイアは大海と同じくらい青いものにする」

55 「下の広場に」幸福の王子は言いました。「小さなマッチ売りの少女が立っている。彼女はマッチを溝に落として、全部ダメにしてしまった。お金を持って帰らないと父親が殴るので、泣いている。彼女は靴もストッキングもなく、小さな頭には何もかぶっていない。私のもう一方の目を引き抜いて、彼女に渡しておくれ。そうすれば、父親が彼女をぶつことはないだろう」

56 「もうひと晩あなたといっしょにいよう」とツバメは言いました。「でも目を引き抜くのはダメだ。そうしたらあなたは完全に目が見えなくなってしまう」

57 「ツバメさん、ツバメさん、小さなツバメさん」王子は言いました。「私が言う通りにしておくれ」

58 それで彼は王子のもう一方の目を引き抜き、それをくわえながら下へ飛んでいきました。彼はマッチ売りの少女のそばをかすめて舞い降り、宝石を彼女の手のひらにすべり込ませました。「なんてきれいなガラスのかけらなの」少女は叫びました。そして彼女は笑いながら家に駆けていきました。

59 それからツバメは王子のところに戻ってきました。「あなたはもう目が見えない」ツバメは言いました。「だからぼくがずっとあなたといっしょにいるよ」

60 「いいえ、小さなツバメさん」あわれな王子は言いました。「君はエジプトに行

かなくてはならない」

61 「ずっとあなたといっしょにいるよ」とツバメは言い、王子の足もとで眠りました。

62 次の日ずっと、ツバメは王子の肩にとまって、異国で見たものについての話をしました。ツバメが王子に話したのは、ナイル川のほとりに長い列をなして立っていて、くちばしで金魚を捕まえる赤いトキのこと；世界そのものと同じくらい年をとっていて、砂漠に住み、すべてを知っているスフィンクスのこと；自分のラクダたちと並んでゆっくり歩き、手に琥珀のビーズを持っている商人たちのこと；黒檀のように黒く、大きな水晶を崇拝する月の山々の王のこと；ヤシの木で眠り、それにハチミツの菓子を食べさせるために二十人の僧がひかえている大きな緑のヘビのこと；大きな平らな葉に乗って大きな湖を渡り、いつも蝶と戦っているピグミー族たちのことでした。

63 「かわいい小さなツバメさん」王子は言いました。「君は不思議なものについて話をしてくれるが、何より不思議なものは男たちや女たちの苦しみだ。みじめさほど大きい謎はない。小さなツバメさん、町の上空を飛んで、そこで見たことを教えておくれ」

64 そうしてツバメはその大きな町の上空を飛び、きれいな家で金持ちがはしゃいでいる一方で、乞食たちがその門のところに座っているのが見えました。ツバメが暗い路地へ飛ぶと、飢え死にしそうな子供たちの白い顔が暗い通りを物憂げに眺めているのが見えました。橋のアーチの下では、二人の男の子が抱き合って体を温めようとしていました。「ああ、おなかがすいた！」彼らは言いました。「ここで寝るな」と夜警が叫び、彼らは雨の中へふらふらと消えていきました。

65 それからツバメは飛んで戻り、見たことを王子に話しました。

66 「私は純金でおおわれている」王子は言いました。「一枚一枚、それをはがし、貧しい人たちに渡しておくれ。生きている人間たちはいつも、黄金が自分たちを幸せにしてくれると思っているのだよ」

67 純金を一枚一枚、ツバメがはがしていくと、しまいには幸福の王子はかなりくすんで灰色に見えました。純金を一枚一枚、ツバメが貧しい人々に届けると、子供たちの顔はバラ色になり、笑いながら通りで遊びをしました。「これでパンが食べられる！」子供たちは叫びました。

68 それから雪が降り、雪のあとには霜がおりました。通りはまるで銀でできているかのようで、とても明るく輝いていました。水晶の短剣のような長いつららが家々の軒先から垂れ下がり、みんな毛皮を着て出歩き、小さな男の子たちは緋色の帽子をかぶって氷の上でスケートをしました。

69 あわれな小さなツバメはどんどん寒くなっていきましたが、王子のもとを離れようとはしませんでした。王子をとても愛していたからです。ツバメは、パン屋が見ていないときにパン屋のドアの外でパンくずを拾い、翼をはためかせて体を温めようとしました。

70 しかしついにツバメは自分が死のうとしているのがわかりました。もう一度王子の肩に飛び上がる力しか残っていませんでした。「さようなら、親愛なる王子さま！」ツバメはつぶやきました。「手にキスさせてくれる？」

71 「小さなツバメさん、ようやくエジプトに行くんだね、よかった」王子は言いました。「君はここに長くいすぎた。でも唇にキスをしなさい、私は君を愛しているのだから」

72 「ぼくが行くのはエジプトじゃない」ツバメは言いました。「ぼくは死の家に行く。死は眠りの兄弟だろ？」

184

73 そしてツバメは、幸福の王子の唇にキスをすると、王子の足もとへ落ちて死にました。

74 その瞬間、まるで何かが壊れたかのように、像の内側で奇妙なひびわれの音がしました。その実は鉛の心臓が真っ二つに割れていたのです。実におそろしく厳しい霜でした。

75 翌朝早く、市長が市会議員といっしょに下の広場を歩いていました。柱を通り過ぎるとき、市長が像を見上げました。「おやまあ！幸福の王子のなんてみすぼらしいこと！」彼は言いました。

76 「本当になんてみすぼらしい！」市会議員たちが叫びました。彼らはいつも市長に同意しました。そしてそれを見に上がりました。

77 「ルビーが剣から落ち、目がなくなって、もはや黄金でもない」と市長は実際に言いました。「ほとんど乞食同然じゃないか！」

78 「ほとんど乞食同然です」市会議員たちは言いました。

79 「そしてここ彼の足もとに死んだ鳥が実際にいる！」市長は続けて言いました。「鳥がここで死ぬことは許されないという告示を本当に出さなくては」そして市の書記官はその提案を書き留めました。

80 そうして彼らは幸福の王子の像を引き降ろしました。「もはや美しくないのだから、もはや役に立たない」大学の芸術教授は言いました。

81 それから彼らは溶鉱炉で像を溶かし、市長はその金属をどうするかを決定するために市自治会の集会を開きました。「もちろん、別の像が必要です」彼は言いました。「そしてそれは私の像にしよう」

82 「私のだ」とそれぞれの市会議員たちが言い、言い争いになりました。私が彼らのことを最後に聞いたとき、彼らはまだ言い争いをしていました。

83 「なんと奇妙なことだ！」鋳造場の職人たちの親方が言いました。「この割れた鉛の心臓は溶鉱炉で溶けない。捨てるしかないな」それで彼らはそれをごみために投げ捨てました。そこに死んだツバメも横たわっていました。

84 「その町で最も貴いものをふたつ持ってきなさい」神様がおつきの天使たちの一人に言いました。そして天使は鉛の心臓と死んだ鳥をもってきました。

85 「お前は正しい選択をした」神様は言いました。「というのも、天国の私の庭でこの小鳥は永遠に歌い、そして私の黄金の町で幸福の王子は私をたたえることになるだろうからだ」

　題名の通り、この物語の大きなテーマは**幸福**です。

"The living always think that gold can make them happy."
（生きている人間たちはいつも、黄金が自分たちを幸せにしてくれると思っている）

　これは作中で王子がツバメに語るセリフです。**お金があれば幸せか**、というのはよく議論の的になります。もちろんお金で解決できる問題は多く、作中でも貧しい人たちが助かって喜んでいます。しかし像となった王子は宝石も金箔も持っていますが、幸せそうではありません。逆に貧しい人たちの苦しみを嘆き、悲しみの涙を流しています。

　お金には飢えや寒さなど苦しみを取り除く力があります。しかし、ただ持っているだけではなんの意味もありません。大事なのはお金や物を所有することではなく、それをどう使うかです。すなわち**どう生きるか**が問われます。

　貧しい人たちに宝石と黄金を分け与える王子とツバメは、それぞれ華やかさと生命を失う一方で、幸せそうに見えます。やや雑な結びですが、幸福な生き方の鍵は、独占することではなく**分かち合うこと**にあると言えるのではないでしょうか。言い換えればそれは**愛**です。

　美とは何かもテーマのひとつです。宝石と金箔で飾られた王子、宝石も金もあげてくすんだ灰色の王子、真に美しいのはどちらでしょうか？

　虚飾にまみれた現代社会では大切なものを見失いがちです。この物語は**幸福・愛・真・善・美**についてあらためて考えさせてくれます。

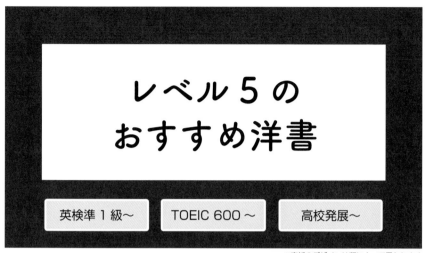

レベル5の おすすめ洋書

英検準1級〜　TOEIC 600〜　高校発展〜

※表紙のデザインは版によって異なります

原書（ルビ訳つき）
講談社ルビー・ブックス
Winnie-the-Pooh
A. A. Milne

『クマのプーさん』

プーさんとかわいい仲間たちの短編10編。（音声別売）

原書
The Witches
Roald Dahl

『魔女がいっぱい』

少年とおそろしい魔女の不可思議な物語。（音声別売）

原書
The House at Pooh Corner
A. A. Milne

『プー横町にたった家』

プーさんの第2巻。短編10編を収録。（音声別売）

原書
Matilda
Roald Dahl

『マチルダは小さな大天才』

天才少女と理不尽な大人たちの物語。（音声別売）

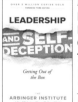

原書
Leadership and Self-Deception: Getting Out of the Box
The Arbinger Institute

『自分の小さな「箱」から脱出する方法』

（音声別売）

原書
The BFG
Roald Dahl

『オ・ヤサシ巨人BFG』

やさしい巨人と女の子の物語。（音声別売）

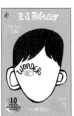

原書

Wonder

R. J. Palacio

『ワンダー』

（音声別売）

Pearson English Readers Level 5

Taste and Other Tales

Roald Dahl

ロアルド・ダールの短編8編

（音声同梱版あり）

原書

The Alchemist

Paulo Coelho

『アルケミスト　夢を旅した少年』

（音声別売）

Pearson English Readers Level 5

Wuthering Heights

Emily Brontë

『嵐が丘』

（音声同梱版あり）

原書

Tuesdays with Morrie

Mitch Albom

『モリー先生との火曜日』

（音声別売）

Pearson English Readers Level 5

On the Road

Jack Kerouac

『オン・ザ・ロード』

（音声同梱版あり）

5

英訳版

The Little Prince

Antoine de Saint-Exupéry

『星の王子さま』

（音声別売）

Pearson English Readers Level 5

The Grapes of Wrath

John Steinbeck

『怒りのぶどう』

（音声同梱版あり）

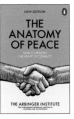

原書

The Anatomy of Peace: How to Resolve the Heart of Conflict

The Arbinger Institute

『2日で人生が変わる「箱」の法則』

（音声別売）

Oxford Bookworms Stage 5

The Garden Party and Other Stories

Katherine Mansfield

『園遊会』他8編

（音声同梱版あり）

海外ドラマ

映画と同様に海外ドラマでも英語の学習効果が得られます。ポイントは映画の場合と同じく**音声／字幕設定**と**難易度**です。

英語音声 & 英語字幕

設定は**音声も字幕も英語**にします。こうすることで英語字幕を見ながらセリフを確認することができます。

24

Grey's Anatomy

Game of Thrones

対象年齢が上がるほど物語も英語表現も難しくなります。**大人向けの海外ドラマは本書レベル6以上**に相当します。人気作はシリーズ化されているので長い時間楽しめます。

Level
6

Frank R. Stockton

1834-1902

本書 Level 4 でも紹介したアメリカの作家。

『女か、虎か』は人気を博しさまざまな解答やパロディ作品が作られた。

読者の熱望に応えて作者による公式の続編

『三日月刀の促進士』が作られた。

The Discourager of Hesitancy

discourager
やめさせる人 [もの]
hesitancy
ためらい，躊躇

2,393 words

▶ 音声 _ 006

Allen und Ginter, Cimeter Cigarette ad, 1887

6

It was nearly a year after the occurrence of that event in the arena of the semi-barbaric king known as the incident of the lady or the tiger, that there came to the palace of this monarch a deputation of five

occurrence
発生，事件
semi-barbaric
半未開の
palace 宮殿
monarch
（専制）君主，王者
deputation
代表団，代表者

strangers from a far country. These men, of venerable and dignified aspect and demeanour, were received by a high officer of the court, and to him they made known their errand.

2 "Most noble officer," said the speaker of the deputation, "it so happened that one of our countrymen was present here, in your capital city, on that momentous occasion when a young man who had dared to aspire to the hand of your king's daughter had been placed in the arena, in the midst of the assembled multitude, and ordered to open one of two doors, not knowing whether a ferocious tiger would spring out upon him, or a beauteous lady would advance, ready to become his bride. Our fellow citizen who was then present was a man of supersensitive feelings, and at the moment when the youth was about to open the door he was so fearful lest he should behold a horrible spectacle that his nerves failed him, and he fled precipitately from the arena, and, mounting his camel, rode homeward as fast as he could go."

3 "We were all very much interested in the story which our countryman told us, and we were extremely sorry that he did not wait to see the end of the affair. We hoped, however, that in a few weeks some traveller

venerable
尊敬すべき，立派な
dignified
威厳のある，高貴な
demeanour
態度，様子，品行
court 宮廷
errand 使い，任務

noble
気高い，高貴な

countryman
同国 [同郷] 人
momentous
重大な，重要な
aspire to A
A を熱望する

assemble 集める
multitude
多数，群衆，大衆
ferocious
獰猛な，残忍な
spring 飛びかかる
beauteous 美しい

supersensitive
過敏な，過度の感受
性をもった

lest ~
～しはすまいかと
behold 見る
spectacle
光景，見世物
precipitately
あわてて，突然に

from your city would come among us and bring us further news, but up to that day when we left our country no such traveller had arrived. At last it was determined that the only thing to be done was to send a deputation to this country, and to ask the question: "Which came out of the open door, the lady or the tiger?"

deputation
代表団，代表者

When the high officer had heard the mission of this most respectable deputation, he led the five strangers into an inner room, where they were seated upon soft cushions, and where he ordered coffee, pipes, sherbet, and other semi-barbaric refreshments to be served to them. Then, taking his seat before them, he thus addressed the visitors.

semi-barbaric
半未開の
refreshment
軽い飲食物
address
話をする，話す

"Most noble strangers, before answering the question you have come so far to ask, I will relate to you an incident which occurred not very long after that to which you have referred. It is well known in all regions hereabout that our great king is very fond of the presence of beautiful women about his court. All the ladies in waiting upon the queen and royal family are most lovely maidens, brought here from every part of the kingdom. The fame of this concourse of beauty, unequalled in any other royal court, has spread far and wide, and had it not been

relate 話す，物語る

6

court 宮廷
wait upon A
　A に仕える
lovely 美しい

concourse
集合，群衆
unequalled
無比の，最上の

for the equally wide spread fame of the systems of impetuous justice adopted by our king, many foreigners would doubtless have visited our court."

impetuous
衝動的な，性急な

6 "But not very long ago there arrived here from a distant land a prince of distinguished appearance and undoubted rank. To such a one, of course, a royal audience was granted, and our king met him very graciously, and begged him to make known the object of his visit. Thereupon the prince informed his Royal Highness that, having heard of the superior beauty of the ladies of his court, he had come to ask permission to make one of them his wife."

distinguished すぐれた，気品のある
undoubted 疑問の余地のない，確かな
audience 謁見（えっけん）
grant 承諾［許可］する，認める
graciously 愛想よく，丁重に
object 目的，目当て
thereupon そこで（さっそく）

7 "When our king heard this bold announcement, his face reddened, he turned uneasily on his throne, and we were all in dread lest some quick words of furious condemnation should leap from out his quivering lips. But by a mighty effort he controlled himself, and after a moment's silence he turned to the prince and said: 'Your request is granted. Tomorrow at noon you shall wed one of the fairest damsels of our court.' Then turning to his officers he said: 'Give orders that everything be prepared for a wedding in the palace at high noon tomorrow. Convey this royal prince to suitable apartments. Send to him tailors, bootmakers, hatters, jewellers, armorers,

bold 大胆な，ずうずうしい
throne 王座，王位
furious 怒り狂った，激しい
condemnation 非難，有罪宣告
leap out 飛び出る
quiver ぶるぶる震える
grant 承諾［許可］する，認める
wed 結婚する［させる］
fair 美しい，魅力的な
damsel （高い身分の）乙女
convey 運ぶ，移す
armorer 武具師，武器製造者

men of every craft whose services he may need. Whatever he asks, provide. And let all be ready for the ceremony tomorrow.'"

craft
手工業，技術，仕事

[8] " 'But, your Majesty,' exclaimed the prince, 'before we make these preparations, I would like -'"

Majesty 陛下
exclaim
叫ぶ，大声で言う

[9] " 'Say no more!' roared the king. 'My royal orders have been given, and nothing more is needed to be said. You asked a boon. I granted it, and I will hear no more on the subject. Farewell, my prince, until tomorrow noon.'"

boon 恩恵，利益

farewell
さらば，さようなら

[10] "At this the king arose and left the audience chamber, while the prince was hurried away to the apartments selected for him. Here came to him tailors, hatters, jewellers, and every one who was needed to fit him out in grand attire for the wedding. But the mind of the prince was much troubled and perplexed."

arise
立ち上がる；起こる
audience
謁見（えっけん）
chamber
〜の間，特別室

attire 服装，衣装

perplex 当惑させる

6

[11] " 'I do not understand,' he said to his attendants, 'this precipitancy of action. When am I to see the ladies, that I may choose among them? I wish opportunity, not only to gaze upon their forms and faces, but to become acquainted with their relative intellectual development.'"

attendant
従者，随行員
precipitancy
大急ぎ，大慌て

gaze じっと見つめる

relative 相対的な，
関係のある

" 'We can tell you nothing,' was the answer. 'What our king thinks right, that will he do. More than this we know not.' "

" 'His Majesty's notions seem to be very peculiar,' said the prince, 'and, so far as I can see, they do not at all agree with mine.' "

notion
考え，意見，意向
peculiar
変な，独特の

"At that moment an attendant whom the prince had not noticed came and stood beside him. This was a broad shouldered man of cheery aspect, who carried, its hilt in his right hand, and its broad back resting on his broad arm, an enormous scimitar, the upturned edge of which was keen and bright as any razor. Holding this formidable weapon as tenderly as though it had been a sleeping infant, this man drew closer to the prince and bowed."

cheery 陽気な，元気
づけるような
hilt (刀剣の) 柄 (つか)

enormous 巨大な
scimitar 三日月刀
upturned 先が上を
向いた
keen
鋭い，よく切れる
formidable
恐ろしい
infant 幼児，赤ん坊
draw to A
A に近寄る
bow おじぎ (をする)
Highness 殿下

" 'Who are you?' exclaimed his Highness, starting back at the sight of the frightful weapon."

" 'I,' said the other, with a courteous smile, 'am the Discourager of Hesitancy. When the king makes known his wishes to any one, a subject or visitor, whose disposition in some little points may be supposed not wholly to coincide with that of his Majesty, I am appointed to attend him closely, that,

courteous 礼儀正し
い，丁寧な
discourager やめさ
せる人 [もの]
hesitancy 躊躇，た
めらい
subject 家来，臣下
disposition 気持ち，
気質，傾向
coincide 一致する
appoint 任命する，
指名する
attend [やや古] 仕
える，付き添う

198

should he think of pausing in the path of obedience to the royal will, he may look at me, and proceed.'"

proceed 取りかかる, 進む

"The prince looked at him, and proceeded to be measured for a coat."

"The tailors and shoemakers and hatters worked all night, and the next morning, when everything was ready, and the hour of noon was drawing nigh, the prince again anxiously inquired of his attendants when he might expect to be introduced to the ladies."

nigh [古] =near

" 'The king will attend to that,' they said. 'We know nothing of the matter.'"

" 'Your Highness,' said the Discourager of Hesitancy, approaching with a courtly bow, 'will observe the excellent quality of this edge.' And drawing a hair from his head, he dropped it upon the upturned edge of his scimitar, upon which it was cut in two at the moment of touching."

courtly 上品な, 礼儀正しい
bow おじぎ (をする)
observe 観察する, 気づく

6

"The prince glanced, and turned upon his heel."

glance ちらりと見る
turn upon one's heel 急に回れ右をする

"Now came officers to conduct him to the grand hall of the palace, in which the ceremony was to be performed. Here the prince found the king seated upon his throne, with his nobles, his courtiers, and his officers standing about him in magnificent array. The prince was led to a position in front of the king, to whom he made obeisance, and then said:"

23 " 'Your majesty, before I proceed further -' "

24 "At this moment an attendant, who had approached with a long scarf of delicate silk, wound it about the lower part of the prince's face so quickly and adroitly that he was obliged to cease speaking. Then, with wonderful dexterity, the rest of the scarf was wound around the prince's head, so that he was completely blindfolded. Thereupon the attendant quickly made openings in the scarf over the mouth and ears, so that the prince might breathe and hear, and fastening the ends of the scarf securely, he retired."

25 "The first impulse of the prince was to snatch the silken folds from his head and face, but, as he raised his hands to do so, he heard beside him the voice of the Discourager of Hesitancy, who gently whispered: 'I am here, your Highness.' And, with a shudder, the arms of the prince fell down by his side."

26 "Now before him he heard the voice of a priest, who had begun the marriage service in use in that semi-

---

throne 王座，王位
noble 貴族；高貴な
courtier [古] 廷臣
magnificent 壮大な，壮麗な
array 整列，配列
make obeisance to ～ ～に恭順の礼をする

attendant 従者，随行員
wound wind（巻きつける）の過去形
adroitly 器用に

oblige ～を余儀なくさせる
dexterity 器用さ，巧妙さ

blindfold 目隠しをする
thereupon そこで（さっそく）

securely しっかりと，安全に
retire 退く，引き下がる
impulse 衝動，欲求
snatch さっと取る，強奪する
silken 絹の，絹製の
fold 1巻き；折り目

shudder 身震い，戦慄

semi-barbaric 半未開の

200

barbaric country. At his side he could hear a delicate rustle, which seemed to proceed from fabrics of soft silk. Gently putting forth his hand, he felt folds of such silk close behind him. Then came the voice of the priest requesting him to take the hand of the lady by his side; and reaching forth his right hand, the prince received within it another hand, so small, so soft, so delicately fashioned, and so delightful to the touch, that a thrill went through his being. Then, as was the custom of the country, the priest first asked the lady would she have this man to be her husband; to which the answer gently came, in the sweetest voice he had ever heard: 'I will.'"

<table>
<tr><td>rustle</td><td>サラサラという音（をたてる）</td></tr>
<tr><td>proceed</td><td>発生する，起こる</td></tr>
<tr><td>fabric</td><td>布地，織物</td></tr>
<tr><td>forth</td><td>前へ，外へ</td></tr>
</table>

fashion 形造る，創り出す
thrill ぞくぞくすること，身震い
being 存在，生命(体)

27 "Then ran raptures rampant through the prince's blood. The touch, the tone, enchanted him. All the ladies of that court were beautiful, the Discourager was behind him, and through his parted scarf he boldly answered: 'Yes, I will.'"

rapture 歓喜，恍惚
rampant 激しい，あふれている
enchant うっとりさせる

part 分ける，間を開く

boldly 勇気をもって，くっきりと

6

28 "Whereupon the priest pronounced them man and wife."

whereupon [関係詞] それからすぐ
pronounce 宣告する，公式に発表する

29 "Now the prince heard a little bustle about him, the long scarf was rapidly unrolled from his head, and he turned, with a start, to gaze upon his bride. To his utter amazement, there was no one there. He stood

bustle せわしげな動き，ざわめき

with a start はっとして
gaze 見つめる
utter 完全な，まったくの

alone. Unable on the instant to ask a question or say a word, he gazed blankly about him."

on the instant
ただちに
blankly ぼんやりと

30 "Then the king arose from his throne, and came down, and took him by the hand."

throne 王座

31 " 'Where is my wife,' gasped the prince."

gasp 息をのむ；あえ
　ぎながら言う

32 " 'She is here,' said the king, leading him to a curtained doorway at the side of the hall."

33 "The curtains were drawn aside, and the prince, entering, found himself in a long apartment, near the opposite wall of which stood a line of forty ladies, all dressed in rich attire, and each one apparently more beautiful than the rest."

apartment
　（大邸宅の）部屋

attire 服装，衣装

34 "Waving his hand toward the line, the king said to the prince: 'There is your bride! Approach, and lead her forth! But, remember this: that if you attempt to take away one of the unmarried damsels of our court, your execution will be instantaneous. Now, delay no longer. Step up and take your bride.' "

bride 花嫁，新婦

forth 前へ，外へ

damsel ［古］（高い
　身分の）乙女
execution
　処刑，死刑執行
instantaneous
　即座の，瞬間の

35 "The prince, as in a dream, walked slowly along the line of ladies, and then walked slowly back again. Nothing could he see about any one of them to

indicate that she was more of a bride than the others. Their dresses were all similar, they all blushed, they all looked up and then looked down. They all had charming little hands. Not one spoke a word. Not one lifted a finger to make a sign. It was evident that the orders given them had been very strict."

" 'Why this delay?' roared the king. 'If I had been married this day to one so fair as the lady who wedded you, I should not wait one second to claim her.'"

"The bewildered prince walked again up and down the line. And this time there was a slight change in the countenances of two of the ladies. One of the fairest gently smiled as he passed her. Another, just as beautiful, slightly frowned."

" 'Now,' said the prince to himself, 'I am sure that it is one of those two ladies whom I have married. But which? One smiled. And would not any woman smile when she saw in such a case, her husband coming toward her? Then again, on the other hand, would not any woman frown when she saw her husband come toward her and fail to claim her? Would she not knit her lovely brows? Would she not inwardly say "It is I! Don't you know it? Don't you feel it?

indicate ほのめかす
blush 顔を赤らめる

claim 主張する，断言する

bewildered
当惑 [困惑] した
slight わずかな

countenance
顔つき，表情
fair 美しい

frown
しかめつら（をする）

6

knit （まゆ）を寄せる
brow まゆ毛
inwardly
心の中で，ひそかに

Come!" But if this woman had not been married, would she not frown when she saw the man looking at her? Would she not say inwardly, "Don't stop at me! It is the next but one. It is two ladies above. Go on!" Then again, the one who married me did not see my face. Would she not now smile if she thought me comely? But if I wedded the one who frowned, could she restrain her disapprobation if she did not like me? Smiles invite the approach of true love. A frown is a reproach to a tardy advance. A smile -'"

next but one
1人おいて隣の（人）
two ladies above
ふたり前の

comely 顔立ちのよい，魅力的な
restrain 抑える，抑制する
disapprobation 不満，非難，反感
reproach 非難(する)，叱責（する）
tardy 遅い，のろい

39 " 'Now, hear me!' loudly cried the king. 'In ten seconds, if you do not take the lady we have given you, she who has just been made your bride shall be made your widow.'"

widow 未亡人

40 "And, as the last word was uttered, the Discourager of Hesitancy stepped close behind the prince and whispered: 'I am here!'"

utter (言葉を)発する，口に出す

whisper ささやく

41 "Now the prince could not hesitate an instant; he stepped forward and took one of the two ladies by the hand."

42 "Loud rang the bells, loud cheered the people, and the king came forward to congratulate the prince. He had taken his lawful bride."

lawful 適法の，合法の

204

43 "Now, then," said the officer to the deputation of five strangers from a far country, "when you can decide among yourselves which lady the prince chose, the one who smiled or the one who frowned, then I will tell you which came out of the open door, the lady or the tiger!"

deputation
代表団，代表者

frown
しかめつら（をする）

44 At the latest accounts the five strangers had not yet decided.

latest 最新の，最近の
account 報告，話

6

三日月刀の促進士

1 女かトラかの事件として知られる半野蛮な王の闘技場での出来事からほぼ一年後、遠い国から五人の異邦人が使節団としてこの君主の宮殿にやって来ました。立派で威厳のある容貌と態度をしたこの男たちは、宮廷の高官によって迎えられ、彼らはその高官に任務を知らせました。

2 「閣下」使節団の代表は言いました。「たまたまわが国の民の一人が、あの重要なときにここ貴国の首都におりました。大胆にも王女を求めた若者が闘技場に出廷させられ、衆人環視の中、獰猛なトラが襲いかかって来るのか、それとも花嫁となる美しい女性が現れるのかわからずに、二つの扉の一方を開けるよう命じられたときのことです。その場に居合わせたわが民は、非常に神経のか細い男で、若者が扉を開けようとした瞬間、恐ろしい光景を見るのではないかと恐れ、勇気がくじけ、闘技場からあわてて逃げ去りました。そしてラクダにまたがり、全速力で家路へ向かいました。」

3 「我々は皆、同胞が我々に語った話に非常に興味を持ち、彼が事件の結末を見るまで待てなかったことを極めて残念に思いました。しかしながら、数週間のうちにあなたがたの都から旅人が我々のところにやって来て、さらなる知らせをもたらすことを願っておりましたが、我々が国を離れる日までそのような旅人はやって来ませんでした。とうとう、この国に使節団を派遣し、『開いた扉から出てきたのは、女か、トラか?』と質問をしさえすればよい、と決定がなされました。」

4 高官は、この非常に立派な使節団の任務を聞くと、その五人の異邦人を奥の部屋に案内し、柔らかいクッションをすすめ、コーヒー、煙草、冷たい飲み物な

ど半未開の国らしい饗応を行いました。それから、彼らの前に座り、このように訪問者たちに話しかけました。

5 「高貴な客人がた、はるばるお越しいただいてお尋ねいただいた質問に答える前に、あなたがたが言及した一件のすぐ後に起きたある出来事についてお話ししましょう。我々の偉大な王が宮廷に美女を置くことをとても好んでいることは、このあたりのすべての地域でよく知られています。女王と王家に仕えているすべての女性は、王国のあらゆる場所からここに連れてこられた最も美しい乙女たちです。この美女たちの名声は、どのほかの宮廷にも比類のないものであり、広く知れ渡っていて、同様に広く知られている我らの王が採用した衝動的な裁きの制度がもし知られていなかったとしたら、間違いなく多くの外国人が我らの宮殿を訪れていたことでしょう。」

6 「しかしつい先日、遠く離れた国から、際立った容姿と確かな身分の王子がここにやって来ました。もちろん、そのようなお方は王に謁見することが認められ、我らの王は非常に丁重に彼と会い、訪問の目的を知らせるように求めました。そこで王子は殿下に、宮廷の女性たちのすぐれた美しさを聞いて、そのうちの一人を妻にする許可を求めに来たことを告げました。」

7 「我らの王は、この大胆な発言を聞くと、顔が赤くなり、当惑して玉座に戻りました。我々は皆、王の震える唇から猛烈な非難の言葉が飛び出すのではないかと恐れていました。しかし王は力を尽くして自制し、しばらく黙った後、王子の方を向いて言いました。『承知した。明日の正午に、貴下に宮廷第一の美女を妻にめとらせよう』それから廷臣たちに向けて、王は言いました。『明日の正午に宮殿で行われる結婚式へ向けてすべてを準備するように命令を出せ。この王子をふさわしい客室にお連れせよ。仕立屋、靴屋、帽子屋、宝石屋、武具師、必要なあらゆる職人を遣わせよ。彼が何を求めても、用意して差し上げよ。そして明日の式に向けてすべて準備を整えよ』」

8 「『しかし、陛下』と、王子は叫びました。『これらの準備をする前に、わがほうでも——』」

9 「『それ以上は仰せなきよう！』王は大声をあげました。『余の命令は発せられ、これ以上付け加える必要はない。殿下は恩恵を求めた。余はそれを承知し、この件に関してはこれ以上聞きとうない。さらばじゃ、殿下、明日の正午まで』」

10 「ここで王は立ち上がり謁見の間を去りました。一方、王子は用意された客室に急いで行きました。仕立屋、帽子屋、宝石屋、そして結婚式の豪華な衣装を用意するのに必要なすべての人が彼のところにやって来ました。しかし王子の心はとても悩み、困惑していました。」

11 「『わからぬ』と彼は宮廷の侍従に言いました。『なにゆえこのように急ぐのか。私が女性たちに会い、その中から選ぶのはいつなのか？体つきや顔を見るだけでなく、知的さの優劣を知る機会もほしいのだが』」

12 「『何も申し上げることはできません』というのが答えでした。『陛下が正しいとお考えのことは、常に実行されます。これ以上のことはわかりません』」

13 「『陛下のお考えは非常に風変わりのようだ』と王子は言いました。『私が見る限り、私の考えとはまったく一致しない』」

14 「その瞬間、王子は一人の役人がやって来て、自分のそばに立ったのに気がつきました。肩幅が広く、陽気な表情の男で、右手に刀の柄を持ち、広い峰を太い腕にのせていました。巨大な三日月刀でした。その上を向いた刃はカミソリのように鋭く光っていました。この恐ろしい武器を、まるで眠っている赤ん坊のようにやさしく抱きながら、この男は王子に近づき、頭を下げました。」

15 「『何者だ？』王子殿下は恐ろしい武器を見て後ずさりしながら叫びました。」

16 「『私めは』その男は、礼儀正しく微笑みながら言いました。『促進士でございます。王が誰かにご意向を伝え、臣下であれ客人であれ、気持ちがいくつかの小さい点において陛下のお気持ちとは完全に一致しないと思われる時、私めがその方の近くに随行するよう任命されます。万が一その方が陛下のご意向に従うことをためらいになる場合、私めをご覧いただくと、先へ進める、という次第です』」

17 「王子は彼を見て、上着の採寸を受け始めました。」

18 「仕立屋、靴屋、帽子屋は一晩中働き、翌朝、すべての準備が整い、正午が近づいたとき、王子は再び心配そうに、いつ女性たちに紹介してもらえるか侍従の者たちに尋ねました。」

19 「『それは王が応対いたします』と彼らは言いました。『我々はそのことに関して何も存じ上げません』」

20 「『殿下』促進士は、うやうやしいおじぎとともに近づきながら言いました。『この刃の切れ味のすばらしさをご覧にいれましょう』そして頭から髪の毛を抜き、それを三日月刀の上向きの刃の上に落としたところ、髪は触れた瞬間に二つに分かれました。」

21 「王子は一目見るなり、踵を返しました。」

22 「さて、宮殿の大広間に彼を案内するために役人たちがやって来ました。そこで式典が行われることになっていました。ここで王子は、王が玉座に座っているのを見つけました。貴族、廷臣、役人たちが彼の周りに壮大に立ち並んでいました。王子は王の面前に導かれ、王に恭順の礼をすると、こう言いました。」

23 「『陛下、先に進む前に――』」

24 「その瞬間、繊細な絹の長いスカーフを持って近づいていた一人の侍従が、王子の顔の下部にそれをすばやく巧みに巻き付けたので、彼は話すのをやめざるをえませんでした。それから、すばらしい器用さで、スカーフの残りの部分が王子の頭に巻き付けられ、彼は完全に目隠しをされました。そのすぐ後、侍従は口と耳のあたりのスカーフにすばやく切り込みをいれ、王子が呼吸をし、音を聞くことができるようにして、スカーフの端をしっかりと締めて、退きました。」

25 「王子の最初の衝動は、頭と顔から絹の包みをつかみとることでしたが、そうしようと手を上げたとき、そばで促進士の声が聞こえました。促進士はやさしくささやきました。『私めがここにおりまするぞ、閣下』そして、身震いしながら、王子は腕を脇へ下ろしました。」

26 「いまや彼の前では、祭司の声が聞こえました。祭司はその半未開の国の方式で結婚式をとり行い始めていました。彼のそばで、繊細な衣擦れの音が聞こえました。柔らかい絹の生地から発せられるような音でした。そっと手を伸ばすと、自分の背後にある絹のようなひだの感触がありました。それから祭司の声が彼にそばにいる女の手を握るよう促しました。そして右手を伸ばすと、王子はその中に別の手を受け取りました。その手はとても小さく、とても柔らかく、とても繊細な形をしていて、ふれるだけで心ときめき、興奮が彼の体をかけめぐりました。それから、この国の慣習に従って、祭司は最初にその女に、この男を夫とするかと問いました。『します』という答えがやさしく発され、それは彼がこれまで聞いた中でも最も甘美な声でした。」

27 「それから歓喜が王子の血にあふれました。その感触、声音が彼を魅了しました。その宮廷のすべての女性が美しく、促進士が背後にいて、切り目をいれられたスカーフ越しに彼は勇気をもって答えました。『はい、妻といたします』」

28 「それからすぐ祭司は両人が夫婦となったことを宣言しました。」

29 「さて、王子はすぐそばで少しあわただしい物音が聞こえ、長いスカーフが頭からすばやくほどかれると、はっとして振り返り、花嫁を見つめようとしました。まったく驚いたことに、そこには誰もいませんでした。彼は一人で立っていました。すぐに質問することも言葉を発することもできず、彼は周りをぼんやりと見つめました。」

30 「それから王は玉座から立ち上がり、おりてきて彼の手を取りました。」

31 「『妻はどこだ』王子は息をつまらせながら言いました。」

32 「『ここにおる』と王は言い、広間のわきにある幕のかかった戸口に彼を案内しました。」

33 「幕がわきに引かれ、王子が中に入ると、細長い部屋にいることに気づきました。その反対側の壁の近くには、40 人の女性が並んでいて、全員が豪華な衣装を身にまとい、どの女性も一見甲乙つけがたいほどの美しさでした。」

34 「王は、列に向かって手を振りながら、王子に言いました。『そなたの花嫁がおるぞ！近寄って、連れ出すがよい！しかし、これを覚えておけ。もし宮廷の未婚の女の一人を連れ去ろうとした場合、そなたの処刑が即座に執行されるだろう。さあ、ぐずぐずするな。近寄って花嫁を連れて行くがよい』」

35 「王子は、夢の中にいるかのように、女性の列に沿ってゆっくりと歩き、再びゆっくりと歩いて戻りました。誰の中にも花嫁であることを示すものは見あたりませんでした。衣装はどれも似ていて、みんな顔を赤らめており、いっせいに見上げては、またうつむいたりしていました。みんな魅力的な小さな手を持っていました。一人も言葉を発しませんでした。指を上げて合図することもありませんでした。非常に厳しい命令が与えられていたことは明らかでした。」

36　「『なぜこうもぐずぐずしているのか？』王が大声をあげました。『もし余が今日、そなたと結婚した女のように美しい女と結婚していたならば、選び出すのに一秒たりともぐずぐずしないだろうに』」

37　「当惑した王子は、再び列を行ったり来たりしました。そして今度は女たちのうちの二人の表情に少し変化がありました。女たちの中で最も美しい女の一人が通り過ぎる際にやさしく微笑み、もう一人の同じくらい美しい女は、わずかに眉をひそめました。」

38　「『さあ』王子は自問自答しました。『私が結婚したのは、その二人の女のいずれかであるのは確かだ。しかしどちらだ？　一人は微笑みを浮かべた。そしてどんな女性でも、このような場合に夫が自分のほうに向かってきているのを見たら微笑むのではないだろうか？それからまた、その一方で、どんな女性でも、夫が自分のほうに来て自分を選び出せないのを見たら眉をひそめるのではないだろうか？　美しい眉を寄せるのではないだろうか？　「私です！わかりませんか？感じませんか？　来て！」と心の中で言うのではないだろうか？しかしこの女が結婚していなかった場合、男が自分を見ているのを見て眉をひそめるのではないだろうか？内心で、「私のところで立ち止まらないで！ひとりおいて次の女よ。ふたり前なのよ。さあ行って！」と心の中で言うのではないだろうか？それからまた、私と結婚した女は私の顔を見ていない。私を美しいと思ったら、彼女はいま微笑むのではないだろうか？しかし結婚したのが眉をひそめたほうならば、私を気にいらない場合、彼女は不満を抑えることができるだろうか？微笑みは真の愛を招き寄せるためとも取れる。眉をひそめることは、のろまでぐずぐずしていることに対する非難とも取れる。微笑みは──』」

39　「『さあ、聞け！』王が大声で叫びました。『10秒以内に、我らがそなたに与えた女を選ばないならば、花嫁になったばかりの女は未亡人となるであろう』」

40　「そして、最後の言葉が発せられたとき、促進士が王子の後ろに歩み寄ってさ

さやきました。『私めがここにおりますぞ！』」

41 「いまや王子は一瞬もためらうことができませんでした。彼は前に出て、二人の女のうち一人の手を取りました。」

42 「大きな鐘の音が鳴り響き、人々が大きな歓声を上げ、王は王子を祝福するために前に来ました。彼は正しい花嫁を選んだのです。」

43 「さて」高官は遠くの国から来た五人の異邦人の使節団に言いました。「王子が選んだのは、微笑んだ女か、それとも眉をひそめた女か、どちらの女であったのかをあなたがたの中で相談してお決めください。当てることができましたら、その時は開いた扉から出て来たのはどちらだったのか、女だったのか、それともトラだったのかをお教えいたしましょう！」

44 最新の情報では、五人の異邦人はいまだに結論を出しておりませんでした。

6

　この短編は本書 Level 4 に掲載した *The Lady, or the Tiger?* (女か、*虎*か) の続編です。ともにリドル・ストーリーであり、謎の解決を読者にゆだねる点は共通しています。大きく違うのは**決断後の運命**が示されている点です。謎は残されているものの、幸せな結末が示されているので読者は安心して謎解きに集中できます。

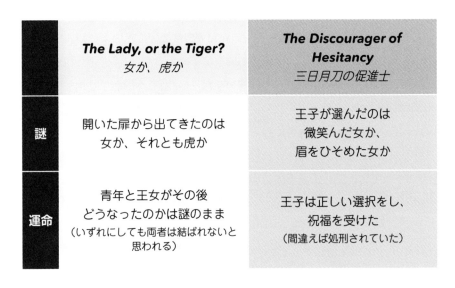

	The Lady, or the Tiger? 女か、虎か	The Discourager of Hesitancy 三日月刀の促進士
謎	開いた扉から出てきたのは 女か、それとも虎か	王子が選んだのは 微笑んだ女か、 眉をひそめた女か
運命	青年と王女がその後 どうなったのかは謎のまま （いずれにしても両者は結ばれないと 思われる）	王子は正しい選択をし、 祝福を受けた （間違えば処刑されていた）

　女性心理の謎が大きなテーマですが、題名になっている**促進士**もまた重要な人物です。促進士が目を光らせているため、王子は少しでもためらったり、異論を唱えたりすることが許されません。大胆な要求には**代償**が伴います。それは金銭とは限りませんし、合理的とも限りません。半未開の国ですからなおさらです。王は王子の要求に応える一方で試練を課します。文字通り命がけの試練は、不条理ですが間違っているとも言い切れず、非常に人間らしいとも言えます。そもそも人間は**不条理な存在**です。王子を悩ませた女性の心理も、まさにその代表です。

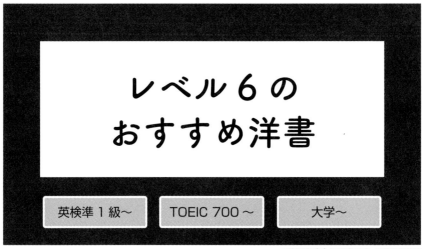

レベル6の
おすすめ洋書

英検準1級〜　TOEIC 700〜　大学〜

※表紙のデザインは版によって異なります

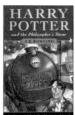

原書
Harry Potter and the Philosopher's Stone
J. K. Rowling

『ハリー・ポッターと賢者の石』

シリーズ全7巻のうちの第1巻。
（音声別売）

Pearson English Readers Level 6
Man from the South and Other Stories
Roald Dahl

『南から来た男』他6編

大人向けの短編小説を収録。
（音声同梱版あり）

原書
The Wonderful Story of Henry Sugar and six more
Roald Dahl

『奇才ヘンリー・シュガーの物語』他6編

（音声別売）

原書
What I Wish I Knew When I Was 20
Tina Seelig

『20歳のときに知っておきたかったこと』

（音声別売）

原書
The Hunger Games
Suzanne Collins

『ハンガー・ゲーム』

命をかけたサバイバル・ゲーム。映画化もされています。（音声別売）

原書
Man's Search for Meaning
Viktor E. Frankl

『夜と霧』

ユダヤ人精神分析医によるドイツ強制収容所の記録。（音声別売）

216

原書
Holes
Louis Sachar
『穴』
（音声別売）

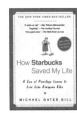

原書
How Starbucks Saved My Life
Michael Gates Gill
『ラテに感謝！転落エリートの私を救った世界最高の仕事』
（音声別売）

Oxford Bookworms Srage 6
Dubliners
James Joyce
『ダブリンの市民』
（音声同梱版あり）

Pearson English Readers Level 6
East of Eden
John Steinbeck
『エデンの東』
（音声同梱版あり）

Pearson English Readers Level 6
Oliver Twist
Charles Dickens
『オリヴァー・ツイスト』
（音声同梱版あり）

Pearson English Readers Level 6
Great Expectations
Charles Dickens
『大いなる遺産』
（音声同梱版あり）

Pearson English Readers Level 6
Les Misérables
Victor Hugo
『レ・ミゼラブル』
（音声同梱版あり）

Pearson English Readers Level 6
Madame Bovary
Gustave Flaubert
『ボヴァリー夫人』
（音声同梱版あり）

6

Pearson English Readers Level 6
Crime and Punishment
Fyodor Dostoevsky
『罪と罰』
（音声同梱版あり）

Pearson English Readers Level 6
Anna Karenina
Leo Tolstoy
『アンナ・カレーニナ』
（音声同梱版あり）

The Discourager of Hesitancy　　**217**

歌／ミュージカル

　歌やミュージカルも英語学習に利用でき、特に**英語のリズム**に慣れるのに良いです。ポイントは**先に内容を理解しておくこと**と**英語の歌詞を用意すること**。歌は会話のセリフに比べて抽象度が高く、内容を理解するのが難しいです。だから**前もって内容を理解した上で、歌詞を見ながら繰り返し聞く**のがおすすめです。

SING

High School Musical

Les Misérables

　人気曲が登場する映画や**ミュージカル映画**で歌を聞く練習をするのも良いかもしれません。難易度が高めなのでいきなり英語音声＆英語字幕だと難しい可能性があります。その場合は日本語字幕で内容を理解してから英語字幕で見ると良いでしょう。

Level

7

Jack London

1876-1916

アメリカ合衆国の作家。
北米放浪や記者として活動した後、流行作家として活躍し、
50 冊以上の著書と 200 以上の短編小説を発表。
世俗的欲望と自己の表明する社会主義思想の相克に悩み自殺。

Moon-Face

2,232 words

▶ 音声_007

John Claverhouse was a moon-faced man. You know the kind, cheek-bones wide apart, chin and forehead melting into the cheeks to complete the perfect round, and the nose, broad and pudgy, equidistant from the circumference, flattened against the very centre of the face like a dough-ball upon the ceiling. Perhaps that is why I hated him, for truly he had become an offense to my eyes, and I believed the earth to be cumbered with his presence. Perhaps my

forehead
額（ひたい）
pudgy ずんぐりした
equidistant
等距離の
circumference 円周
flatten 平らにする
dough-ball
パン生地の玉
offense 気分を害するもの
cumber 悩ませる, 邪魔する

7

Moon-Face 221

mother may have been superstitious of the moon and looked upon it over the wrong shoulder at the wrong time.

Be that as it may, I hated John Claverhouse. Not that he had done me what society would consider a wrong or an ill turn. Far from it. The evil was of a deeper, subtler sort; so elusive, so intangible, as to defy clear, definite analysis in words. We all experience such things at some period in our lives. For the first time we see a certain individual, one who the very instant before we did not dream existed; and yet, at the first moment of meeting, we say: "I do not like that man." Why do we not like him? Ah, we do not know why; we know only that we do not. We have taken a dislike, that is all. And so I with John Claverhouse.

What right had such a man to be happy? Yet he was an optimist. He was always gleeful and laughing. All things were always all right, curse him! Ah! How it grated on my soul that he should be so happy! Other men could laugh, and it did not bother me. I even used to laugh myself — before I met John Claverhouse.

But his laugh! It irritated me, maddened me, as nothing else under the sun could irritate or madden me. It haunted me, gripped hold of me, and would not let me go. It was a huge, Gargantuan laugh.

---

superstitious 迷信を信じている
shoulder （人／山の）肩

be that as it may いずれにせよ

ill turn よくない行為

subtle かすかな，微妙な
elusive とらえにくい，説明しにくい
intangible つかみどころのない
defy 拒む，～は不可能である
definite 明確な

optimist 楽天主義者
gleeful 大喜びの，上機嫌の

grate 不快感を与える

Gargantuan 巨大な，ものすごい量の

Waking or sleeping it was always with me, whirring and jarring across my heart-strings like an enormous rasp. At break of day it came whooping across the fields to spoil my pleasant morning revery. Under the aching noonday glare, when the green things drooped and the birds withdrew to the depths of the forest, and all nature drowsed, his great "Ha! ha!" and "Ho! ho!" rose up to the sky and challenged the sun. And at black midnight, from the lonely cross-roads where he turned from town into his own place, came his plaguey cachinnations to rouse me from my sleep and make me writhe and clench my nails into my palms.

I went forth privily in the night-time, and turned his cattle into his fields, and in the morning heard his whooping laugh as he drove them out again. "It is nothing," he said; "the poor, dumb beasties are not to be blamed for straying into fatter pastures."

He had a dog he called "Mars," a big, splendid brute, part deer-hound and part blood-hound, and resembling both. Mars was a great delight to him, and they were always together. But I bided my time, and one day, when opportunity was ripe, lured the animal away and settled for him with strychnine and beefsteak. It made positively no impression on John Claverhouse. His laugh was as hearty and frequent as ever, and his face as much like the full moon as it

whirr ブンブン飛び回る
jar 不快感を与える
heart-string 深い感情，心臓神経
enormous 巨大な
rasp 耳障りな音，ギシギシ
whoop 大声で叫ぶ
revery 空想，夢想
glare ぎらぎら光る
droop 垂れる，うなだれる
withdraw 引き下がる，退く
drowse うとうとする

plaguey うるさい[く]
cachinnation 大笑い
rouse 目覚めさせる
writhe 身もだえする，苦悩する
clench 固く握りしめる
go forth 出て行く，出発する
privily [古] こっそりと

dumb ばかな，物の言えない
beastie かわいらしい動物
pasture 牧草地，放牧場
brute 獣，動物，畜生
deer-hound ディアハウンド（シカ狩り用猟犬）
blood-hound ブラッドハウンド（猟犬）
bide （好機）を待つ
ripe 熟した
lure おびき出す，誘惑する
settle 楽にする，終わらせる
strychnine ストリキニーネ（猛毒の一種）
positively 明確に，まったく

7

always had been.

7　Then I set fire to his haystacks and his barn. But the next morning, being Sunday, he went forth blithe and cheerful.

8　"Where are you going?" I asked him, as he went by the cross-roads.

9　"Trout," he said, and his face beamed like a full moon. "I just dote on trout."

10　Was there ever such an impossible man! His whole harvest had gone up in his haystacks and barn. It was uninsured, I knew. And yet, in the face of famine and the rigorous winter, he went out gayly in quest of a mess of trout, forsooth, because he "doted" on them! Had gloom but rested, no matter how lightly, on his brow, or had his bovine countenance grown long and serious and less like the moon, or had he removed that smile but once from off his face, I am sure I could have forgiven him for existing. But no, he grew only more cheerful under misfortune.

11　I insulted him. He looked at me in slow and smiling surprise.

12　"I fight you? Why?" he asked slowly. And then he laughed. "You are so funny! Ho! ho! You'll be the death of me! He! he! he! Oh! Ho! ho! ho!"

13　What would you? It was past endurance. By the blood of Judas, how I hated him! Then there was

haystack 干し草の大きな山
barn 納屋，物置

blithe 陽気な，楽しそうな

trout ［魚］マス

dote on A A を溺愛する

uninsured 保険に入っていない
famine 飢饉
rigorous 厳しい，厳格な
gayly 陽気に，楽しく
in quest of A A を求めて
a mess of ～ たくさんの～
forsooth ［古］実に，まったく
gloom 憂うつ，薄暗がり
but ただ，ほんの，たった
bovine 牛の（ような），のろい
countenance 顔つき，容貌
misfortune 不運，不幸，災難
insult 侮辱する

You'll be the death of me! 君のせいで笑い死にしそうだ！

that name — Claverhouse! What a name! Wasn't it absurd? Claverhouse! Merciful heaven, WHY Claverhouse? Again and again I asked myself that question. I should not have minded Smith, or Brown, or Jones —but CLAVERHOUSE! I leave it to you. Repeat it to yourself — Claverhouse. Just listen to the ridiculous sound of it —Claverhouse! Should a man live with such a name? I ask of you. "No," you say. And "No" said I.

But I bethought me of his mortgage. What of his crops and barn destroyed, I knew he would be unable to meet it. So I got a shrewd, close-mouthed, tight-fisted money-lender to get the mortgage transferred to him. I did not appear but through this agent I forced the foreclosure, and but few days (no more, believe me, than the law allowed) were given John Claverhouse to remove his goods and chattels from the premises. Then I strolled down to see how he took it, for he had lived there upward of twenty years. But he met me with his saucer-eyes twinkling, and the light glowing and spreading in his face till it was as a full-risen moon.

"Ha! ha! ha!" he laughed. "The funniest tike, that youngster of mine! Did you ever hear the like? Let me tell you. He was down playing by the edge of the river when a piece of the bank caved in and splashed him. 'O papa!' he cried; 'a great big puddle flowed up

merciful 慈悲深い

bethink [古] 思い
出す，思いつく
mortgage 抵当，
担保
shrewd そつがない，
利口な
close-mouthed
口の堅い，無口な
tight-fisted けちな

foreclosure 質流れ
but ほんの，ただ

chattel 動産，家財

premise 前述の物件，
建物
stroll ぶらつく，
散歩する
upward of ～
～以上
glow 輝く

tike 子供，わんぱく
小僧
youngster 子供

bank 川岸，土手
cave in 崩れ落ちる
puddle 水たまり

7

and hit me.'"

He stopped and waited for me to join him in his infernal glee.

"I don't see any laugh in it," I said shortly, and I know my face went sour.

He regarded me with wonderment, and then came the damnable light, glowing and spreading, as I have described it, till his face shone soft and warm, like the summer moon, and then the laugh—"Ha! ha! That's funny! You don't see it, eh? He! he! Ho! ho! ho! He doesn't see it! Why, look here. You know a puddle—"

But I turned on my heel and left him. That was the last. I could stand it no longer. The thing must end right there, I thought, curse him! The earth should be quit of him. And as I went over the hill, I could hear his monstrous laugh reverberating against the sky.

Now, I pride myself on doing things neatly, and when I resolved to kill John Claverhouse I had it in mind to do so in such fashion that I should not look back upon it and feel ashamed. I hate bungling, and I hate brutality. To me there is something repugnant in merely striking a man with one's naked fist — faugh! it is sickening! So, to shoot, or stab, or club John Claverhouse (oh, that name!) did not appeal to me. And not only was I impelled to do it neatly

infernal 冥界の，いまいましい
glee 喜び，歓喜

sour すっぱい，不機嫌な

damnable 憎むべき，のろわしい

be quit of 〜
〜から自由になる
reverberate 反響する，鳴り渡る

neatly きちんと，手際よく
resolve 決心する，決意する
fashion やり方，流儀
bungle しくじる，へまをする
brutality 獣性，残忍性
repugnant 不快な，いやな
faugh へっ，ふん
stab 刺す
club こん棒でなぐる
appeal 気に入る；懇願する
impel 強いる，駆り立てる

and artistically, but also in such manner that not the slightest possible suspicion could be directed against me.

To this end I bent my intellect, and, after a week of profound incubation, I hatched the scheme. Then I set to work. I bought a water spaniel bitch, five months old, and devoted my whole attention to her training. Had any one spied upon me, they would have remarked that this training consisted entirely of one thing — RETRIEVING. I taught the dog, which I called "Bellona," to fetch sticks I threw into the water, and not only to fetch, but to fetch at once, without mouthing or playing with them. The point was that she was to stop for nothing, but to deliver the stick in all haste. I made a practice of running away and leaving her to chase me, with the stick in her mouth, till she caught me. She was a bright animal, and took to the game with such eagerness that I was soon content.

After that, at the first casual opportunity, I presented Bellona to John Claverhouse. I knew what I was about, for I was aware of a little weakness of his, and of a little private sinning of which he was regularly and inveterately guilty.

"No," he said, when I placed the end of the rope in his hand. "No, you don't mean it." And his mouth opened wide and he grinned all over his damnable

slight わずかな

end 目的

profound 深い
incubation 孵化，
　思案
hatch（卵を）かえす；
　たくらむ
scheme 計画，案，
　陰謀
water spaniel
　bitch ウォーター・
　スパニエル種の雌犬
remark 言う，述べる
retrieve 取ってくる，
　回収する
fetch 取ってくる

eagerness 熱心さ，
　熱望
content 満足して

casual 偶然の，
　思いがけない

7

sin 罪（を犯す）

inveterately 根深く，
　常習的に

grin にこっと笑う（こ
　と）
damnable 憎むべき，
　のろわしい

moon-face.

24 "I — I kind of thought, somehow, you didn't like me," he explained. "Wasn't it funny for me to make such a mistake?" And at the thought he held his sides with laughter.

25 "What is her name?" he managed to ask between paroxysms.

26 "Bellona," I said.

27 "He! he!" he tittered. "What a funny name."

28 I gritted my teeth, for his mirth put them on edge, and snapped out between them, "She was the wife of Mars, you know."

29 Then the light of the full moon began to suffuse his face, until he exploded with: "That was my other dog. Well, I guess she's a widow now. Oh! Ho! ho! E! he! he! Ho!" he whooped after me, and I turned and fled swiftly over the hill.

30 The week passed by, and on Saturday evening I said to him, "You go away Monday, don't you?"

31 He nodded his head and grinned.

32 "Then you won't have another chance to get a mess of those trout you just 'dote' on."

33 But he did not notice the sneer. "Oh, I don't know," he chuckled. "I'm going up to-morrow to try pretty hard."

34 Thus was assurance made doubly sure, and I went back to my house hugging myself with rapture.

somehow どういうわけか

paroxysm 発作, けいれん

titter くすくす笑う（こと）
grit ギシギシいわせる
mirth 陽気, 歓喜

suffuse 〜の一面を覆う

widow 未亡人

fled flee（逃げる）の過去形
swiftly すばやく, 迅速に

sneer 冷笑（する）, 嘲笑（する）
chuckle くすくす笑う（こと）

assurance 保証, 請け合い
rapture 有頂天, 恍惚, 歓喜

Early next morning I saw him go by with a dip-net and gunnysack, and Bellona trotting at his heels. I knew where he was bound, and cut out by the back pasture and climbed through the underbrush to the top of the mountain. Keeping carefully out of sight, I followed the crest along for a couple of miles to a natural amphitheatre in the hills, where the little river raced down out of a gorge and stopped for breath in a large and placid rock-bound pool. That was the spot! I sat down on the croup of the mountain, where I could see all that occurred, and lighted my pipe.

Ere many minutes had passed, John Claverhouse came plodding up the bed of the stream. Bellona was ambling about him, and they were in high feather, her short, snappy barks mingling with his deeper chest-notes. Arrived at the pool, he threw down the dip-net and sack, and drew from his hip-pocket what looked like a large, fat candle. But I knew it to be a stick of "giant"; for such was his method of catching trout. He dynamited them. He attached the fuse by wrapping the "giant" tightly in a piece of cotton. Then he ignited the fuse and tossed the explosive into the pool.

Like a flash, Bellona was into the pool after it. I could have shrieked aloud for joy. Claverhouse yelled at her, but without avail. He pelted her with

---

dip-net 小型の柄つき網，たも
gunnysack 麻袋
trot 小走り（する）
bound 行こうとしている
pasture 牧草地，放牧場
underbrush（林の）下生（ば）え
crest 山頂；とさか

amphitheatre 円形の盆地〔谷〕
gorge 峡谷

placid おとなしい，穏やかな
croup 臀（でん）部，しり

ere [接] 〜する前に，〜しないうちに
plod とぼとぼ歩く
stream 小川
amble ぶらぶら歩く
in high feather 上機嫌で
snappy 元気の良い，活発な
bark ほえる（声）
mingle 混ざる，混ぜる
chest-note 胸声，呼吸の音

dynamite ダイナマイトを仕掛ける
fuse 導火線，起爆装置
ignite 点火する，火をつける
explosive 爆発物；爆発性の
shriek かん高い声を出す
without avail 無益に，甲斐なく
pelt 投げつける，浴びせる

7

clods and rocks, but she swam steadily on till she got the stick of "giant" in her mouth, when she whirled about and headed for shore. Then, for the first time, he realized his danger, and started to run. As foreseen and planned by me, she made the bank and took out after him. Oh, I tell you, it was great! As I have said, the pool lay in a sort of amphitheatre. Above and below, the stream could be crossed on stepping-stones. And around and around, up and down and across the stones, raced Claverhouse and Bellona. I could never have believed that such an ungainly man could run so fast. But run he did, Bellona hot-footed after him, and gaining. And then, just as she caught up, he in full stride, and she leaping with nose at his knee, there was a sudden flash, a burst of smoke, a terrific detonation, and where man and dog had been the instant before there was naught to be seen but a big hole in the ground.

"Death from accident while engaged in illegal fishing." That was the verdict of the coroner's jury; and that is why I pride myself on the neat and artistic way in which I finished off John Claverhouse. There was no bungling, no brutality; nothing of which to be ashamed in the whole transaction, as I am sure you will agree. No more does his infernal laugh go echoing among the hills, and no more does his fat moon-face rise up to vex me. My days are peaceful

clod 土のかたまり

whirl 急に向きを変える

foresee 予見する

take out after ～
～を追いかける

amphitheatre 円形の盆地［谷］
stream 小川

ungainly（動作・姿が）優美でない
hot-foot
大急ぎで行く
gain 到達する；得る

in full stride 全力で
leap 跳ぶ，とびつく

detonation
爆発（音）
naught［古・文］
=nothing

be engaged 従事
［没頭］している
verdict 評決，答申
coroner 検死官
jury 陪審，陪審員団
neat きちんとした，巧みな

bungle しくじる，へまをする
brutality 獣性，残忍性
transaction 処理，処置
infernal
いまいましい
vex いらだたせる，悩ませる

now, and my night's sleep deep.

ムーン・フェイス

1 ジョン・クレイヴァーハウスは月のような顔をした男だった。おわかりだろう、ほお骨が大きく離れていて、あごとひたいがほおに溶け込んで完全な丸みを帯びており、鼻は幅広でずんぐりして、周囲から等距離にあり、天井についたパン生地の玉のように顔のど真ん中に平らについている。おそらくそれが私が彼を嫌っていた理由だ。というのも本当に彼は私の目に不快なものになっていたからだ。そして地球も彼の存在に悩んでいると思っていた。ひょっとしたら私の母は月の迷信を信じていて、間違った時（夜でなく昼）に、間違った肩（山の肩でなく人の肩）の上に月を見上げていたかもしれない。

2 いずれにせよ、私はジョン・クレイヴァーハウスが嫌いだった。彼が私に、社会的に間違っている、またはよくない行為だと考えられることをしたということではない。それからはほど遠い。その悪はより深く、より微妙なもので、あまりに捉えどころがなく、形がないため、言葉ではっきり明確に分析することが不可能だった。我々はだれしも、人生のある時期にそのようなことを経験する。初めて我々は、ある特定の個人、一瞬前までは存在するとは夢にも思わなかった人を目にする。だが、会った最初の瞬間に言うのだ。「そいつが好きではない」と。なぜその人間を好きではないのだろうか？ああ、理由はわからない。好きではないことだけはわかる。嫌いなのだ。ただそれだけだ。それが私の場合はジョン・クレイヴァーハウスなのだ。

3 そんな人間が幸せになるどんな権利を持つというのか？だが彼は楽観主義者だった。彼はいつも大喜びで笑っていた。万事がいつも順調だった、ちくしょうめ！ああ！彼がとても幸せであることが、どんなに私の魂を不快にしたことか！他の人間が笑うのはいい、私には気にならなかった。私自身さえかつては笑ったものだ——ジョン・クレイヴァーハウスに出会う前は。

4 しかし彼の笑い！それは私をいらだたせ、狂わせた。太陽の下で私をいらだ

たせ、狂わせるものは他に何もなかった。それは私につきまとい、私をつかみ、私を離そうとしなかった。それは巨大な、ものすごい笑いだった。起きていても寝ていても、それはいつも私につきまとい、巨大な耳鳴りのように私の心臓の神経をブンブン飛び回って不快だった。夜が明けると、それは野原をこえて大きく響き、私の楽しい朝の夢想を台無しにした。ヒリヒリするような真昼のぎらぎらした光の下、草葉がたれ下がり、鳥が森の奥へと退き、すべての自然がうとうとするとき、彼の大きな「ははは！」や「ほっ！ほっ！」（という笑い声）は空に昇り、太陽に挑んだ。そして真っ暗な真夜中、彼が町から自分の家に戻る際に曲がる人気のない交差点から、彼のうるさい大笑いがやって来て、私を眠りから覚まし、身もだえさせ、拳を握りしめさせた。

5　私は夜間にこっそりと出て行き、彼の牛を彼の畑に追いやった。朝になると彼が牛をもとの場所へ追い出しながら大声で笑っているのが聞こえた。「何でもないよ」彼は言った。「あわれで愚かな動物が、より肥えた牧草地に迷い込んだからといって責めるべきではないさ」

6　彼は「マーズ」という名の犬を飼っていた。それは大きくて立派な獣で、ディアハウンド（鹿狩り用の猟犬）とブラッドハウンド（嗅覚の鋭い猟犬）の血が入っており、両方に似ていた。マーズは彼にとって大きな喜びであり、いつも一緒にいた。しかし私は時節を待ち、ある日、機が熟したとき、ストリキニーネ（猛毒の一種）とビーフステーキでその動物をおびき出して楽にしてやった。ジョン・クレイヴァーハウスにはまったく何の影響もなかった。彼は相変わらず元気いっぱいでよく笑い、顔はいつものように満月によく似ていた。

7　それから私は彼の干し草の山と納屋に火をつけた。しかし翌朝、日曜日だったので、彼は明るく元気に出かけた。

8　「どこへ行くんだい？」彼が交差点を通りかかったとき、私は尋ねた。

9　「マスさ」と彼は言い、顔が満月のように輝いていた。「私はマスに目がないんだ」

10　こんなありえない男がいるか！彼の全収穫は干し草の山と納屋の中で燃えた。保険に入っていないことも私は知っていた。それでも、食料の欠乏と厳しい冬を前にして、彼は大量のマスを求めて陽気に出かけた！実にマスに「目が

ない」からだ！ただ憂鬱がどんなにわずかでも彼の眉の上に置かれていたなら
ば、または彼の牛のような顔つきが長く真剣になって月っぽさが減ったならば、
または彼が顔からほんの一度でも笑顔を取り去ったならば、きっと私は彼が存
在することを許せていただろう。しかしそうはならず、彼は不幸な出来事に見
舞われても、より明るくなるだけだった。

11 　私は彼を侮辱した。彼はゆっくりと笑顔で驚いて私を見た。

12 　「私が君と戦う？なぜ？」彼はゆっくりと尋ねた。それから彼は笑った。「君
はとても面白いね！ほっ！ほっ！君のせいで笑い死にしそうだ！へへへ！お
お！ほっ！ほっ！ほっ！」

13 　あなたならどうするだろうか？それは我慢の限界を超えていた。ユダの血
によって、私は彼をどれほど憎んだことか！それからあの名前だ——クレイ
ヴァーハウス！なんて名前だ！ばかげてないか？クレイヴァーハウス！慈悲深
き天よ、なぜクレイヴァーハウスなのだ？何度も何度も私は自分自身にそれを
問いかけた。スミスやブラウンやジョーンズなら気にならなかっただろう——
だがクレイヴァーハウスとは！お任せしよう。自分自身にそれを繰り返し言っ
てみてくれ——クレイヴァーハウス。ただそのばかげた音を聞いてくれ——
クレイヴァーハウス！人はそのような名で生きるべきだろうか？お尋ねした
い。「否」とあなたは言うだろう。私も「否」と言う。

14 　しかし私は彼の抵当について考えた。作物や納屋が破壊されたことで、彼が
それを支払えないことを私は知っていた。そこで私は抜け目がなく、口が堅く、
けちな金貸しに頼み、抵当をその金貸しのもとへ移してもらった。私は姿を出
さなかったが、この代理人を通じて抵当流れ処分を強要し、持ち物や家財を敷
地から撤去するのに、ほんの数日（間違いなく法律が定める範囲だ）がジョン・
クレイヴァーハウスに与えられた。それから私は、彼がそれをどう受け取った
かを見るために散歩した。というのも彼はそこに20年以上住んでいたからだ。
しかし彼は私に会うと、皿のような目をきらきらさせ、顔から光が輝いて広が
り、高く昇った月のようだった。

15 　「ははは！」彼は笑った。「本当におかしな子だ、私の子だが！似たような人
間を聞いたことがあるかい？聞いてくれよ。あいつが川の端で遊んでいたとき、

岸の一部が崩れ落ちて水しぶきを上げたんだ。『うわ、パパ！』とあいつは叫んだよ『大きな大きな水たまりが流れてきてぼくを襲ったんだ』ってね」

16　彼は止まって、私が彼のいまいましい喜びに加わるのを待った。

17　「そこになんの笑いどころも見えない」私はそっけなく言い、自分の顔が不機嫌になったのがわかる。

18　彼は私を不思議そうに見つめ、それから前述したのと同じように、いまわしい光が輝いて広がり、彼の顔は夏の月のように柔らかくあたたかく輝き、そして笑い声が聞こえた。「ははは！おかしいな！わからないの？へへ！ほっ！ほっ！ほっ！わからないんだ！ほら、ごらんよ。水たまりさ──」

19　しかし私は踵を返し、去った。それが最後だった。もう我慢できなかった。事はそこで終わらせなければならない、と私は思った、ちくしょうめ！地球は彼から自由になるべきだ。そして丘を越えると、彼のおそろしい笑い声が空に鳴り響くのが聞こえた。

20　さて、私は物事をきちんと行うことに誇りを持っており、ジョン・クレイヴァーハウスを殺そうと決心したとき、ふり返って恥ずかしくないやり方で行うつもりだった。私はへまをするのが嫌いで、残虐行為も嫌いだ。拳で人を殴ることだけでも、私は何か嫌悪感を感じる ── へっ！吐き気がする！だからジョン・クレイヴァーハウス（おお、その名前！）を撃ったり、刺したり、なぐったりすることは、私にとっては魅力的ではなかった。そして私はそれを巧妙かつ芸術的に行うだけでなく、私にごくわずかな疑いも向けられないような方法でそれを行わなければならないと感じていた。

21　この目的のために、私は頭をひねり、一週間の深い思案の後、計画を企てた。それから私は仕事に取りかかった。私は生後5か月のスパニエルの雌犬を買い、その訓練に全神経を注いだ。誰かが私をひそかに見張っていたら、この訓練は完全にひとつのことで構成されていると言っただろう ──「取ってこい」の訓練だ。私は「ベローナ」と呼んだ犬に、水の中に投げた棒を取ってくるように教えた。ただ取って戻ってくるだけでなく、それをかんだり遊んだりせず、取ってすぐに戻ってくるように。大事なのは、何に対しても立ち止まらず、大急ぎで棒を運んでくることだった。私が逃げ、ベローナが私を捕まえるまで口に棒

をくわえたまま私を追いかけつづけさせる練習をした。ベローナは利口な動物で、とても熱心にその遊びに没頭したので私はすぐに満足した。

22　その後、最初の偶然の機会に、ベローナをジョン・クレイヴァーハウスに贈った。私は自分が何をしようとしているのか知っていた。というのも、彼の小さな弱点と、彼が定期的かつ常習的に犯している小さな秘密の罪に気づいていたからだ。

23　「いや」私がロープの端を彼の手に置くと、彼は言った。「いや、本気じゃないんだろ」そして彼の口は大きく開き、いまわしい月のような顔全体でにっこり笑った。

24　「私は —— どうしてか、君は私を好きじゃないと思っていた」と彼は説明した。「私がそんな間違いをするなんて、おかしくないか？」そしてそう考えて、彼は脇腹を抱えて笑った。

25　「彼女の名前は何だい？」彼は爆笑の中なんとか尋ねてきた。

26　「ベローナ」私は言った。

27　「へへへ！」彼はくすくす笑った。「なんておかしな名前だ」

28　私は歯を食いしばった、というのも彼の陽気が私をいらだたせたからだ。そして私はかみつくように言った。「ベローナはマーズの奥さんだったんだぜ」

29　それから満月の光が彼の顔を覆い始め、彼は興奮して言った。「それは私の前の犬だ。そうか、ベローナは今では未亡人だね。おお！ほっ！ほっ！いー！へへへ！ほっ！」と彼は私に向かって大声で叫び、私は向きを変えて急いで丘の向こうへ逃げた。

30　一週間が経ち、土曜の夕方、私は彼に言った。「月曜に出かけるよな？」

31　彼はうなずいて、にっこり笑った。

32　「それならお前が『目がない』あのマスをたっぷり手に入れる機会はもうないな」

33　しかし彼は冷笑に気づかなかった。「おお、わからないな」彼は笑った。「明日行って、がんばってみるよ」

34　こうして二重に確信が持てたので、私はうっとりとして大喜びで家に帰った。

35　翌朝早く、私は彼が網と麻袋を持って通り過ぎ、ベローナがその足元を小走

りしているのを見た。私は彼が行こうとしている場所を知っていたので、裏の牧草地を横切って近道し、低い茂みを抜けて山の頂上まで登った。注意深く人目を避けながら、私は尾根に沿って数マイルたどり、丘にある天然の円形の盆地に着いた。そこでは小さな川が峡谷から流れ落ち、大きくて穏やかな岩に囲まれた池でひと息ついていた。そこだった！私は、起こるすべてを見ることができる山の臀部に腰を下ろし、パイプに火をつけた。

36　何分もたたないうちに、ジョン・クレイヴァーハウスが小川の川床をゆっくり登ってきた。ベローナは彼の周りをゆっくり歩いており、彼らは上機嫌で、ベローナの短く活発な鳴き声が彼の深い呼吸音と混ざり合っていた。大池に到着すると、彼は網と袋を投げ置き、おしりのポケットから大きくて太いろうそくのようなものを取り出した。しかしそれが「巨人」の棒であることを私は知っていた。というのも、それがマスを捕まえる彼の方法だったからだ。彼はダイナマイト漁をしていた。彼は一枚の綿でその「巨人」をしっかりと包むことで導火線を取り付けた。それから彼は導火線に点火し、その爆発物を大池に投げ入れた。

37　閃光のように、ベローナはそれを追って大池の中に入った。喜びのあまり大声で叫びそうだった。クレイヴァーハウスはベローナに向かって叫んだが、無駄だった。彼はベローナに土塊や岩を投げつけたが、ベローナはしっかりと泳ぎつづけ、ついに口に「巨人」の棒をくわえ、すぐに振り向くと岸へ向かった。それから、初めて彼は自分の危険に気づき、走り出した。私が予見し計画したように、彼女は川岸にたどり着き、彼の後を追った。おお、伝えよう、それは素晴らしかった！すでに言ったように、大池は一種の円形の盆地にあった。上と下で、小川は飛び石で渡ることができた。そしてぐるぐると、石を上がったり下がったり横に渡ったりしながら、クレイヴァーハウスとベローナは追いかけっこをした。こんな不格好な男があんなに速く走れるなんて信じられなかっただろうに。しかし彼は走った。ベローナは大急ぎで彼の後を追いかけ、追いついた。そして、ちょうどベローナが追いついたとき、彼は全力で走っていて、ベローナが跳びついて鼻先が彼のひざのところにくると、突然閃光がきらめき、煙が噴出し、おそろしい爆発が起きて、一瞬前に人間と犬がいた場所には、地

面にあいた大きな穴のほかに何の姿も見えなかった。

38 「密漁中の事故死」それが検死官の陪審員の評決だった。そういうわけで
ジョン・クレイヴァーハウスを始末した巧みで芸術的なやり方を誇りに思っ
ている。へまも残虐行為もなかった。処置全体において恥ずべきことは何もな
かった。きっと同意してもらえることだろう。もはや彼のいまいましい笑い声
が丘に鳴り響くことはない。もはや彼の太った月のような顔が昇って私をいら
だたせることもない。いまや私の日々は平和で、夜の眠りは深い。

※ダイナマイト漁について
ダイナマイト漁は、水中で爆発物（ダイナマイト等）を爆発させて、その衝撃波で死んだり
気絶したりして水面に浮き上がってきた魚を回収する漁法。爆発により生態系を破壊するた
め、多くの国では禁止されている。伝統的な漁法と比べて数倍の魚が簡単に獲れるため、一
部の地域では現在も行われている。

　簡単にいえば、嫌いな人間を事故死に見せかけて死なせる話です。直接手を下したわけではないので主謀者である語り手は裁かれません。

　もちろん現実に人を殺すのは許されないことですが、小説であれ映画であれ、殺人は大きなドラマを生みます。感情移入・緊迫感・あざやかなトリックなど、心を動かす要素でいっぱいです。

　この物語の大きなテーマは**人間の光と影**だと解釈できます。善良でよく笑い、お月さまのようなジョン・クレイヴァーハウスが光、何も悪いことをされていないのにそれを憎む語り手が影です。

　人間ならだれにでも光と影があり、ふつう影は抑えられています。光が強くなればなるほど、影も強くなります。例えば、社交的で愛想のよい人ほど、無意識の中では人を強く憎んだり攻撃したりする可能性があります。協調性を優先するほど、和を乱す人を許せなくなるからです。

　影は無意識なので**自分では自分の影に気づけません**。そんな人間の影を形にしたのがこの語り手であり、この小説は人間の影について教えてくれます。影は決して敵ではなく、**大切な自分の一部分**です。

もし人を殺す話に抵抗がある場合、ジョン・クレイヴァーハウスも語り手も**同一人物の中の別人格**（仮面）を暗示していると仮定してみてください。生きていれば思い通りにならないことは多々あります。嫌なことに対して、ただ笑ってやり過ごそうとするひとつの人格がジョン・クレイヴァーハウスです。そんな自分に嫌気がさし、抑圧された感情を解放するためにひとつの人格を殺す話、とも解釈できます。

7

レベル7の
おすすめ洋書

英検1級〜 TOEIC 800〜

※表紙のデザインは版によって異なります

原書
Of Mice and Men
John Steinbeck
『ハツカネズミと人間』

（音声別売）

英語版（著者共訳）
Talking to My Daughter
A Brief History of Capitalism
Yanis Varoufakisi

『父が娘に語る 美しく、深く、壮大で、とんでもなくわかりやすい経済の話。』

（音声別売）

原書（ルビ訳つき）
講談社ルビー・ブックス
The Old Man and the Sea
Ernest Hemingway
『老人と海』

（音声別売）

原書
Factfulness
Hans Rosling

『ファクトフルネス 10の思い込みを乗り越え、データを基に世界を正しく見る習慣』

（音声別売）

原書
Animal Farm
George Orwell
『動物農場』

（音声別売）

原書
Never Let Me Go
Kazuo Ishiguro
『わたしを離さないで』

（音声別売）

原書（ルビ訳つき）
講談社ルビー・ブックス
Flowers for Algernon
Daniel Keyes
『アルジャーノンに花束を』
（音声別売）

原書
The Last Lecture
Randy Pausch
『最後の授業 ぼくの命があるう
ちに』
（音声別売）

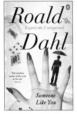

原書
Someone Like You
Roald Dahl
『あなたに似た人』（短編集）
（音声別売）

原書
Insight Out
Tina Seelig
『スタンフォード大学 夢をかなえる
集中講義』
（音声別売）

原書
Lord of the Flies
William Golding
『蠅の王』
（音声別売）

原書
The Culture Map
Erin Meyer
『異文化理解力』
（音声別売）

原書
Howl's Moving Castle
Diana Wynne Jones
『ハウルの動く城』
（音声別売）

A Very Short Introduction
Globalization
Manfred B. Steger
諸分野の入門者向け概説書のう
ちのひとつ。（音声別売）

7

原書
50 Psychology Classics
Tom Butler-Bowdon
『世界の心理学 50 の名著』
（音声別売）

原書
50 Philosophy Classics
Tom Butler-Bowdon
『世界の哲学 50 の名著』
（音声別売）

英文出典

0&1	The Story of a Fierce Bad Rabbit	Project Gutenberg
2	Little Black Sambo	Project Gutenberg
3	The Ambitious Guest	VOA Learning English
4	The Lady, or the Tiger?	VOA Learning English
5	The Happy Prince	Project Gutenberg
6	The Discourager of Hesitancy	Wikisource
7	Moon-Face	Project Gutenberg

Project Gutenberg

https://www.gutenberg.org/

VOA Learning English

https://learningenglish.voanews.com/

Wikisourse

https://en.wikisourse.org/

p.221　月の画像　iStock/saemilee

朗読音声ダウンロード方法

【スマートフォン・タブレットからのダウンロード】

　スマートフォン、タブレットからダウンロードする場合は abceed アプリをお使いください。

　まず、アプリをダウンロードし、無料会員登録をしてください。アプリ内で書名『短編作品を英語で楽しむ』を検索していただければ、本書の音声画面が出ます。

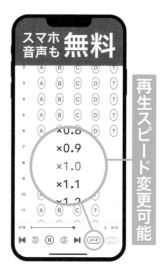

ご利用の場合は、下記のQRコードまたはURLより
スマホにアプリをダウンロードしてください。

https://www.abceed.com
abceedは株式会社Globeeの商品です。

【パソコンからのダウンロード】

① パソコンで「ベレ出版」サイト内、『短編作品を英語で楽しむ 自然な速さで原書が読めるようになる』の詳細ページへ。

② 「音声ファイル」の欄にある「ダウンロード」ボタンをクリック。

③ 下記 8 ケタのコードを入力してダウンロード。（大文字・小文字を正確に入力してください）

ダウンロードコード fhvvPQ7g

《注意》小社サイトからスマートフォン、タブレットでダウンロードすることも可能ですが、ダウンロード方法、音声の扱い方法については小社では対応しておりません。

＊ ダウンロードされた音声は MP3 形式となります。zip ファイルで圧縮された状態となっておりますので、解凍してからお使いください。

＊ zip ファイルの解凍方法、MP3 携帯プレイヤーへのファイル転送方法、パソコン、ソフトなどの操作方法については、メーカー等にお問い合わせいただくか、取扱説明書をご参照ください。小社での対応はできかねますこと、ご理解ください。

＊以上のサービスは予告なく終了する場合がございます。
＊音声の権利・利用については、小社サイト内［よくある質問］にてご確認ください。

著者紹介

こいけかずとし

東京大学仏文科卒。
フィロソフィア英語教室代表。
2009年にフィロソフィア英語教室を開校。
英文法が主体の理論学習と
多読多聴が主体の経験学習を組み合わせ、
より実践的な英語学習の研究と指導に従事。
［著書］
『【マンガ】こんなに効く！英語多読多聴マニュアル』
『英文が読めるようになる マンガ英文法教室』
（ともに小社刊）

- ◉──装幀　　　　　　　　竹内雄二
- ◉──本文デザイン・DTP　川原田 良一（ロビンソン・ファクトリー）
- ◉──本文イラスト・図版　こいけかずとし
- ◉──校正　　　　　　　　余田志保
- ◉──音声収録時間　　　　1 時間 17 分
- ◉──ナレーター　　　　　Howard Colefield（アメリカ英語）

[音声 DL 付] 短編作品を英語で楽しむ
自然な速さで原書が読めるようになる

2023 年 6 月 25 日　　　初版発行

著者	こいけかずとし
発行者	内田 真介
発行・発売	ベレ出版
	〒162-0832　東京都新宿区岩戸町12 レベッカビル
	TEL.03-5225-4790 FAX.03-5225-4795
	ホームページ　https://www.beret.co.jp/
印刷・製本	三松堂株式会社

ISBN 978-4-86064-730-8 C2082　　　　　　　　　編集担当　綿引ゆか

[音声 DL 付]

【マンガ】こんなに効く!
英語多読多聴マニュアル

こいけかずとし 著

A5 並製／定価 1650 円（税込）　■232 頁
ISBN978-4-86064-497-0 C2082

ペーパーバックがスラスラ読めたら、ハリー・ポッターを原書で読めたら……これを叶えるには、大量の英文を読む、聴くという多読と多聴が必須です。本書では多読＆多聴とは何かから、どのような効果があるのか、必要な知識とは何か、そして具体的学習方法までをすべてマンガで解説していきます。本書の後半では、中学 1 年程度のレベル 0 からの難関大入試レベルの 6 までを測れる英文を紹介し、レベルにあった本で多読＆多聴が始められるようになっています。

[音声 DL 付]

英文が読めるようになる
マンガ英文法教室

こいけかずとし 著

A5 並製／定価 1760 円（税込）　■292 頁
ISBN978-4-86064-612-7 C2082

読解のためには語彙力だけでなく英文法の知識は必須です。本書では、英文を読むための英文法について、著者によって描かれたマンガ＆図解で詳しく、丁寧に解説します。魚で表した語順表と、その使い方がわかる矢印で、英文法を学ぶ上でもっとも大切な枠組みを表現してあります。英文法のしくみと語順が身につくので、リスニング、ライティング、スピーキング、と英語力全般の学習につながっています。巻末には、学習した内容が試せる音声 DL 付きの短文とお話を掲載。